첫걸음

이경우 수필선집_ 첫걸음

초판 인쇄 | 2025년 10월 20일
초판 발행 | 2025년 10월 25일

지 은 이 | 이경우
발 행 인 | 김호운
주   간 | 김민정

펴낸곳 | 한국문인협회 月刊文學 출판부
주소 | 서울시 양천구 목동서로 225 대한민국예술인센터 1017호
전화 | 02-744-8046~7
팩스 | 02-743-5174
이메일 | klwa95@hanmail.net
등록 | 2011년 3월 11일 제2011-000081호
ISBN 978-89-6138-563-3

값 15,000원

잘못 만들어진 책은 바꾸어 드립니다.

첫걸음

이경우
수필선집

月刊文學 출판부

들머리말

　우리에게 '단군신화'가 있듯이 켄트민족에게는 '가시나무새 신화'가 있습니다. 가시나무새는 마지막 순간 온힘을 모아 거센 가시나무로 돌진합니다. 가슴을 찔리는 순간 비명이 터집니다. 그 비명은 누구도 들은 적도 없는, 어느 새도 부른 적이 없는 아름다운 노래가 됩니다. 숨을 짜낸 아름다운 노래. 그 어떤 새도 부를 수 없는 황홀한 신기(神技)의 노래입니다.
　콜린 맥컬로의 베스트 셀러 「가시나무새」는 오스트랠리아의 남성 본위 사회를 살아낸 휘오나, 매기, 저스틴 여성 삼대의 삶을 엮은 소설입니다. 세 여인들은 대를 이어 자신을 찌르며 살아냈습니다.
　남성 본위 사상은 동양이 더욱 심하지요. 내게 허용된 숙명도 자신을 찌르는 일뿐이었습니다. 흔적도 없이 사는 방법뿐이었습니다. 주민등록의 이름자도 나를 살리지는 못했습니다. 왜장치는 삶들을 관람하면서. '三從之道'에서 '나 잘난 맛으로 사는 세상이여 내게로' 사이의 거리는 아득한 소실점이었습니다. 나는 내 존재를 확인하기 위해 늘 가슴을 찔러야 했습니다.

"여자는 생각을 가져서도, 설사 생각이 생성되더라도 얼굴에 감정이 나타나서는 안 된다"는 선친 덕분이었습니다. 하고 싶은 말, 하려는 행동 모두를 제지당한 자아(自我)는 안으로만 삭혔습니다. 노래를 하고 싶은 내 소망은? 내생에 희망을 둡니다. 그리해 관뚜껑을 덮고 나서 '평생을 가시나무새처럼 가슴을 찌르며 아름다운 노래 연습만 하다 간 사람'이라는 蓋棺事定評이 기다릴 겁니다. 이승에서 불러보지 못한 아름다운 노래를 내생에서나 부를 수 있을 겁니다.

그래도 나는 즐겁습니다. 생명을 주었고 내 앞을 막아 선 장애물을 거쳤으니 감사합니다, 길가의 이름 없는 풀꽃의 신비까지 느끼게 해주신 조물주께 무한한 감사를 드립니다.

시루에 유월두를 담고 물을 주면 물이 다 빠져나가도 물맛을 본 노란 콩들이 머리를 들고 올라옵니다. 비타민C가 풍부한 예쁜 콩나물이 됩니다. 오늘도 내게 물을 지런지런 부어줍니다. 콩나물같이 친근하게 세상으로 다가서려는 몸짓입니다.

내 독자들에게 행복을 한 움큼씩 드립니다. 풀라톤이 말했습니다. 행복으로 가는 길은 진리탐구와 끝없는 자기반성이라고.

행복하십시오.

차례

들머리말 · 004

제1부

첫걸음 · 011
기다리고, 기다리고, 기다리고 · 017
그는 나의 누구입니까 · 022
아침을 세우는 커피 · 027
만석거 연잎의 행위예술 · 032
표준 맛 김치 · 038
성북천변의 능수버들 · 043
밤에사 나를 찾는다 · 048
최선의 페미니스트 춘향 선배님 · 053
새콤달콤한 가을 · 060

제2부

달빛이 흘리고 간 소리 · 068
새날은 레몬향으로부터 · 073
지도에 없는 고장을 찾아서 · 078
여의주를 물지 못한 이무기 · 084
열이레 달 · 090
열여섯 살의 한강 · 095
생명의 소리가 넘치는 빈 들판 · 101
비슷한 환경, 전혀 다른 생활 · 106
눈물로 얼룩진 편지 · 111
다섯 점 반 · 117

첫걸음

제3부
- 수선화처럼 · 124
- 얼굴이 너무 무거워 · 128
- 존재 없는 존재 · 133
- 고프다 · 138
- 공기의 무게 · 143
- 장조의 진혼굿 · 147
- 뛰어야 하는 병 · 154
- 홀딱 벗고 · 159
- 물방울무늬 넥타이 · 163

제4부
- 항뮬러관호르몬 · 170
- 탈 4등 맞아요 · 175
- 4차원 세계를 다녀오다 · 180
- 선생 딸과 학생 엄마와 · 185
- 손가락들의 수다 · 191
- 만원짜리는 만만해 · 196
- 지병과 오답 사이의 거리 · 201
- 38년 만에 되찾은 향 · 207

제5부

바람만바람만 · 215
안갚음, 앙갚음 · 220
아직도 연습중입니다 · 225
자벌레의 방백 · 230
백제의 자존심과 마주서서 · 233
소나무와 아까시 · 238
가장 화려한 꽃은 벌개미취 · 243
산책길에서 그것을 만났다 · 247
갈색 눈동자의 조선 후예 · 251
잠정 바이러스 환자들 · 257
노벨상을 타야지 · 262

해설 · 268
첫걸음이 '길'을 만들었다 | 김호운

1부

———

첫걸음

기다리고, 기다리고, 기다리고

그는 나의 누구입니까

아침을 세우는 커피

만석거 연잎의 행위예술

표준 맛 김치

성북천변의 능수버들

밤에사 나를 찾는다

최선의 페미니스트 춘향 선배님

새콤달콤한 가을

첫걸음

 나는 모험을 두려워한다. 허약한 육신과 여린 마음은 새로운 상황에 부딪히면 몸살부터 한다. 모험은 버겁다. 그러나 모험에서 오는 첫 설렘과 갈등은 놓칠 수 없는 은밀한 환희다. 이따금 낯선 것 앞에 선다. 그 첫걸음은 끝을 가늠할 수 없는 호기심이다. 어쩌면 나만의 유토피아로 향하는 초입일 것이라는 어릿한 믿음도 있다.

'첫걸음'에는 첫걸음의 설렘과, 첫걸음의 불안과 첫걸음이 주는 갈등과 낭패감이 엇비슷한 양으로 존재한다. 첫 개안, 첫 등교, 첫 소풍, 첫 출근, 첫 데이트, 첫날밤, 첫 출산, 이 모두 얼마나 가슴 두근거리는 처음이던가? 첫걸음은 면접이다. 주식회사가 아니라 신과의 면접을 치르는 과정이다.

첫걸음은 통증이었다. 세상 밖으로 떨어질 때의 새까만 통증, 누워만 지내다 처음 몸을 뒤집고 나서 여직 보았던 다락문의 당초문양이 거꾸로 보이던 황당함, 발만 보았던 삼층장의 꼭대기 모습. 그것은 새로운 세상이었다. 열 달쯤이었을까, 할머니가 걸음마를 시킨다고 일으켜 세우고 손을 놓아 버렸다. 60센티미터쯤의 방바닥이 천야만야한 낭떠러지로 보였다. 온몸으로 덮치는 시커먼 공포 덩어리! '와앙' 울음을 터트리며 털썩 주저앉고 말았다.

어떻게 그때의 감정을 기억하느냐고? 암묵지(暗默知) 덕분이다. 지극히 개인적인 경험만의 지식이다. 문하생이 스승의 표정으로 원하는 바를 눈치채고, 숙련된 기능공이 영감으로 익히는 기술이다. 말이나 글로 나타낼 수 없는 상황에서 느낌으로 알아채는 아날로그식 지식이다. 일본의 경영학자 히로타가가 정립해 놓은 이론이다. 말을 미처 배우기 전에 느낌으로의 지식도 존재함을 증명했다. 우리는 말이나 글로 표시하는 형식지(型式知)만을 중요시하지만 실은 암묵지의 역할이 더 크다. 해서 암묵지가 풍성한 사람이 발명품을 내놓는다.

사랑에서 두어 뙈기 밭 너머 보이는 신작로는 언제 보아도 하얗다. 광목 필을 훌훌 풀어 놓은 모양새다. 대체 저 길은 어디서부터 시작해 어디로 가는 길이며 어디가 끝인가? 햇빛 따사로운 사랑 툇마루에 앉으면 그것이 마냥 궁금했다.

그 길은 마을로 들어서고 대처로 나가는 유일한 큰길이었다. 확장된 농로요, 마을의 공동 일터였다. 봄에는 어린 모를 실은 달구지가 오가고, 새참을 인 오릉골 아짐이 지나고, 경수아재는 자기 키의 두 배나 높은 나뭇짐을 지고 지나갔다. 가을에는 볏섬이나 배추를 실은 달구지가 지나고, 드물게 대처 트럭도 들어왔다. 마을의 모든 일들은 언제나 그 길에서 시작되었다. 여름에 보리와 옥수수의 초록 물결을 할머니 정수리의 곧은 가르마처럼 양쪽으로 쫘악 가르는 신비도 연출했다.

그날도 신작로만 바라보고 있었다. 신작로에 트럭이 멈추더니 한 사람이 내렸다. 삼베 등걸이 잠방이 차림이 아니었다. 신사복에 중절모와 안경, 단장까지 든 아버지는 금세 표가 났다. 아버지의 몸에서, 벗어 놓으신 양복에서, 들고 오신 양과자 봉지 안에서도 낯선 도시 냄새가 풀썩풀썩 쏟아져 나왔다.

주막이 있는 동네와 5리쯤 떨어진 산 아래 너른 땅에 헛간, 안마당, 바깥마당을 포함한 우리 집과 두 칸짜리 소작인의 집이 있었다.

나는 또래가 없는 외톨이었다. 그날이 그날인 풍경을 감상해야 했다. 매일 보는 식구들 얼굴도 심드렁했다. 더구나 촌 살림은 어린 손도 놀면 죄의식이다. 머리카락 같은 부추를 다듬고, 손끝 매운 마늘을 까고, 동생을 업어주어야 했다. 신작로 저쪽의 다른 세상, 다른 문명, 다른 얼굴이 퍽 고팠다. 분초를 다투며 자아가 형성되는 여덟 살이었다. 고인 물 같은 환경은 날마다 미지의 세상에 대한 동경을 키웠다. 산골 소녀는 갈망했다. 보다 나은 세상, 더 좋은 환경을.

신작로 끝에는 내가 꿈꾸던 새로운 세상이 있을 것이다. 샛바람이 팔뚝 살갗을 간질이던 날, 사랑 툇마루에 섰다. 때마침

신작로 앞에 늘어선 수수뿌리에서 안개가 좀도둑같이 납작 엎드려 살금살금 기어 나왔다. 땅바닥을 덮으며 낮게 기다가 신작로로 나오자 발딱 일어나 공중으로 흩어졌다. 명연출이었다. 안개가 쓰다듬은 신작로의 모래는 금가루처럼 반짝였다. 침을 꼴깍 삼켰다.

홀린 듯 신작로에 들어섰다. 걸었다. 누군가 내 앞에서 빨리 오라고 손짓했다. 뭉게구름 뭉치다, 아니 손발이 수십 개 달린 도깨비였다.

지난 운동회 때 처음 마스게임을 해봤다. 운동장 중앙으로 입장과 퇴장할 때, 담임선생님 손짓만 따랐다. 앞의 도깨비는 슬쩍슬쩍 본부석을 뒤돌아보며 뒷걸음치는 선생님의 손짓 같았다. 그와 나, 손짓과 발걸음이 언죽번죽 잘 맞았다. 지축지축 뒷걸음과, 종종종종 앞걸음이.

걷고 또 걸었다. 곧 보일 것이라 믿었던 대처는 보이지 않고 신작로의 끝은 처음 모습 그대로 그 길이에 그 넓이였다. 이 길 끝에 정말 대처가 있으려나?

정신을 놓은 채 기계적 걸음을 놓았다. 장독대 옆 분꽃이 피었고 할머니는 뒤주에서 보리쌀을 퍼내실 게다. 회오리바람이 모래를 몰고 와 눈을 때렸다. 털썩 주저앉았다가 눈을 뜨고 보니 나를 거기까지 이끌어 간 괴물도 사라졌다. 난처했다. 그러나 오기가 났다. '너 없다고 내가 못 갈까 봐' 허나 이쪽도, 저쪽도 끝은 보이지 않았다.

"그만 집으로 돌아가자, 아냐 아냐, 여기까지 걸어온 내 시간이, 내 걸음이 아깝잖아. 대처 거의 다 왔을 거야."
 '어떡해, 깜깜해지면 집을 못 찾을텐데….'
 내가 묻고, 내가 대답하곤 했다. 초조함이 들며 와락 두려웠다. 7년 삶에 처음 부딪힌 큰 갈등과 고민이었다. 쪼그려앉아서 훌쩍훌쩍 울었다. 꾹꾹 눌러왔던 넷째딸 서러움도 합세했다.
 "신작로야, 날더러 어쩌라고?"
 서쪽 능선에 아슬아슬 걸린 해를 쳐다보며 발을 동동 구르다 돌아섰다. 몇 발짝 걷다가 다시 돌아섰다. 다시 하늘을 쳐다보았다. 저물녘 해는 빨리 달음질쳤다. 해가 먼 산허리를 넘자 사위가 어둑신해진다. 무척 다리가 아팠다. 무척 배가 고팠다. 오기를 접었다. 집 쪽으로 돌아섰다.
 '다음에는 꼭 대처까지 갈 테야.'
 신작로는 언뜻 보아선 그 길이를 알 수 없다. 걸어봤어도 모르겠다. 확실한 것은, 어른들은 마음대로 오가는 그 길에, 아이의 넋을 희롱하는 복병, 귀신이 곳곳에 웅크리고 있다는 것이다.
 어두워졌다. 완전히 지쳤다. 절룩이며 절룩이며 걸었다. 마침내 우리 집 지붕이 어슴푸레 보였다. 대문 빗장은 진즉에 걸렸을 게다. 나는 댑싸리 뒷문을 살짝 밀어보았다. 그리고 그대로 이불 속으로 기어들었다. 자는 척하던 식구들과 나, 아무도 아무 말도 하지 않았다. 어디 갔었냐고, 배고프지 않느냐고 묻는 사람도 없었다. 그리고 낮에 본 귀신 형상에게 쫓기다 벼랑으로 떨어지는 아득한 찰나의 꿈을 세 번이나 꾸었다.
 "쟤, 이 선생 댁 꼬맹이, 귀신이 씌었대나 봐. 종일 신작로를 헤매고 다녔다는데."
 동네 아낙네들이 옆 아낙을 쿡 찌르며 쑥덕거렸다. 그러거나 말거나 나는 사람들이 모두 손사래 치는 첫걸음을 경험했다.
 '난 당신들보다 일찍 첫 경험을 했다고요. 내 상상력이, 내 의식이, 내 키가 한 뼘은 자랐지요.'
 첫걸음은 첫걸음일 뿐이다. 살다 보면 수없이 첫걸음에 맞닥트린다. 첫걸음은 서러움이다. 좀도둑같이 와서 변심한 연인처럼 돌아선다. 그것은 유혹과 포기의 줄다리기다. 내가 경험했던 첫걸음의 맨 첫걸음은 화려한 고통이었다. 돌이켜 보니 첫걸음의 설렘과 갈등은 먼 장래의 두엄 역할을 해주었다. 첫걸음은 꿈을 먹고 사는 동물의 꿈이다. 맞선자리의 아리아리한 심정이었다. 이 대책 없는 욕망을 찍어 누를 수 없다. 나는 늘 꿈을 먹고 사는 인간이니까.
 이따금 끝을 가늠할 수 없는 신작로에 다시 서보고 싶다. 첫걸음은 황당했다. 두려웠다. 그러나 아름작아름작한 환희였다.
 "첫걸음이여, 언제든 너를 맞을 준비가 되어 있다."

기다리고, 기다리고, 기다리고

큰사랑과 작은사랑을 잇는 길다란 툇마루에 앉았습니다. 송파나루를 통해 서울로 가는 동쪽, 이따금 낡은 트럭이 뭉게구름 같은 흙먼지를 달고 오는 서쪽 신작로를 바라봤죠. 짧은 다리를 동당거리면서. 서울에서 한 달에 두어 번 오시는 아버지를 기다렸어요.

여섯 살 계집애는 예순까지 셀 줄 알았어요.

"하나, 두울, 셋…."

오른손가락으로 열을 다 채우고 나면 왼손가락 하나를 꼽죠. 아버지는 지금 개똥이 할아버지 산소를 지나신다, 하나. 경희네 논 옆 방죽을 지나신다, 둘. 예순을 다 셌죠. 다음에는 거꾸로 예순부터 하나까지 세어보죠. 성황당까지 오셨다, 예순. 주막거리까지 오셨다, 쉰아홉. 한데 아버지가 보이지 않습니다. 세 번째, 개울 건너 소작인 집을 끼워 넣습니다. 성황당과 우리 집과 박 씨의 집 삼각형으로 이어진 길을 예순 번이나 오고 가도 아버지는 오시지 않습니다.

서쪽으로 눈을 돌리니 아득한 산마루 위 일렬로 늘어선 소나무 행렬이 만 가지 색의 화려한 잔치를 하고 있습니다. 노을은 천삼백 도가 넘는 빛의 상황극이라는데 그 빛의 화려함도 착 갈아 앉은 어린 계집애의 감성에 닿지는 않았습니다. 눈물이 쨀끔 흘러나왔습니다.

아버지는 대개 밤에 오셨지요. 어린 것은, 저녁 밥숟가락을 놓자마자 잠에 떨어졌고 한밤중에 잠이 깨면 아랫목에 아버지가 오실 때만 펼치는 이불의 목련꽃무늬 위로 반가운 이마가 보였습니다. 기다림은 기다릴 때 말고, 느닷없이 옵니다. 이삼일 묵어 가시는 아버지 뒤를 바람만 바람만 따르다 그분의 뜨악한 눈길에 얼굴이 빨개져 도망쳤습니다.

「고도를 기다리며」란 2막짜리 부조리희곡입니다. 한적한 시골, 언덕의 나무 아래서 에스트라공과 블라디미르는 '고도'를 기다립니다. '고도'가 누구인지, 언제 오는지, 왜 기다려야 하는지, 기다리는 장소가 맞는지도 모릅니다. 권태롭습니다.

"지루해, 그만 집에 가자."

"안 돼, 고도를 기다려야지."

"참 그렇지."

해서 또 기다립니다. 저녁때 한 소년이 나타나 '고도'는 내일 올 거라고 말합니다. 허나 내일의 2막에서도 '고도'는 오지 않아요.

"고도는 신(神)이다, 자유다, 빵이다, 희망이다"
등등으로 추측의 질문을 던지는 기자들에게 작가 사뮤엘베게트는 답합니다.
"나도 모른다."
고향 집 뒤 산자락 밭에는 아버지가 심으신 복숭아나무 백여 그루가 봄마다 자지러지게 꽃을 피웠습니다. 진경산수화가 아닌 실경산수화였죠. 그러나 나는 봄마다 보아야 하는 산수화보다 미지의 도시 빛깔, 도시 냄새를 간절히 기다렸습니다.
아버지가 오시면, 별식 냄새가 온 집 안을 휘젓고 다니고, 어둑신하던 대청과 사랑채, 깜깜했던 바깥마당 변소까지 호롱불이 걸렸습니다.
다음 날 소식을 듣고 신선같이 투명한 얼굴의 윗마을 선비가 오십니다. 두 분이 맞절을 하시니 흰 두루마기 자락이 공기를 머금어 학춤이 연출됩니다. 부엌의 세 아궁이에서는 불길이 일고 사랑문 틈새로 웃음소리가 새어 나왔습니다. 아녀자들만 살던 집에 장정들의 호탕한 이중창 웃음은 경건스럽기까지 했지요. 안팎 마당에 고여 있던 공기가, 방마다 잠자던 공기마저 발딱발딱 일어서고, 내 가슴에는 돌개바람이 일었습니다. 손에 잡히지도 않던 기다림은 이리 화려하게 오기도 하더라고요.
에스트라공도, 블라디미르도, 나도 신과 멀어진 인간, 참으로 무의미하게 지구에 내던져진 생물이군요. 우리는 디오니

소스적 요소(본능적 요소)를 안고 인간증명(人間證明)을 연출하는 중이었던가요?

앙리듀마 선생도 『몬테크리스트 백작』을 통해 '기다려라, 희망을 가져라'라고 말합니다. 그러나 희망을 향해 간절하게 손 뻗지 않으면 오래 기다렸던 기다림도 그냥 지나칩니다.

육신의 키는 더디 자라고 기다림의 키는 빨리 자랐습니다. 고드름이 녹으면 화단의 함박꽃이 피어나기를 기다렸습니다. 백합 뿌리 근처를 손가락으로 파서 어린 순을 불러냈지요. 그 꽃들보다 화려할 내 어른의 날을 기다렸지요, 전쟁을 겪는 동안 지식의 허기는 스물네 시간 나를 괴롭혀 쓰레기더미에서 얻은 잡지 조각의 흙을 털며 게걸스럽게 읽고, 뒷간의 휴지(주인집 아들의 숙제장)를 훔쳐 읽으며 글자를 실컷 읽을 수 있을 날을 기다렸습니다.

나만의 공간에서, 내 의지로 살 수 있는 공간을 기다렸습니다. 온몸으로 조여 오는 여자의 오랏줄은 숨이 막혔어요. 줄기찬 부덕의 관습, 성(聖)은 물론, 성(姓)에서, 성(性)에서도 자유롭기를 원했지요. 다만 숨탄것 본연의 '자유'만을 간절하게 기다렸지요.

'갈팡질팡하다가 내 이럴 줄 알았다'는 묘비명을 써 놓은 것을 보면 버나드 쇼도 인간의 기다림이 모순덩어리인 줄 늦게야 깨달았을 겁니다. 사람 사는 방식이야 문명이나 지능이 발달한다고, 학력이 높아진다고 크게 달라지지는 않거든요. 역사나 고전소설을 읽으면 혀를 찹니다. 이런 어이없는 과오를 저지르다니…, 그러나 똑같은 과오를 저지르는 오늘의 지도자들을 보세요.

가장의 짐을 들었습니다. 알머리로 바위를 뚫는 작업이었습니다. 엘리 휠러 윌콕스는 사람을 두 가지로 분류했습니다. 부자와 가난뱅이로가 아니고, 지식이 많은 사람과 무식한 이도 아닙니다. 오직 남의 짐을 드는 자와 남에게 기대는 자로 나눕니다. 이 여류시인은 내게 굉장한 상(常)을 주었습니다. 스무 명 중에 한 명, 백 명 중에 다섯 명에 해당한다는 크나큰 상을요. 부상으로 편안한 노후가 보장됐지요.

만물의 탄생을 도가(道家)에서는 기(氣)로 보고, 유가에서는 성(性)의 결합으로 보았지만 물리학자들은 우주를 떠돌던 원자(ATOM)들의 이합집산으로 봅니다. 쪼개고 쪼개 더 이상 쪼갤 수 없는 입자. 대기 중에 떠돌던 원자가 모여 광물이나 식물, 동물이 된다네요. 사람은 수많은 원자의 결합에 기다림이라는 원자(chip) 하나가 더 보태졌을 거예요.

나를 합성했던 원자들도 흩어지면 새로운 결합이 될 겁니다. 너덜경 옆 바위가 되고 싶어요. 딱새가 짝짓기를 하고, 등산객이 다리를 쉬고, 청설모가 다람쥐가 감춘 도토리를 훔쳐내 디룩디룩 눈알을 굴리며 갉아먹는 너럭바위요.

나는, 내게 부여된 기다림을 즐거이 기다릴 겁니다.

그는 나의 누구입니까

 어제는 두 군데 은행에 들르고, 세 사람을 만나느라 바빴습니다. 피곤했지요. 침대에 눕자마자 스폰지가 물을 빨아들이듯 육신이 잠을 빨아들여 통잠이 들었습니다. 나는 모로 자는 습관이 있습니다. 오른쪽은 벽이요, 왼쪽이 빈 공간인데 왼쪽으로 누워 자는 건 누군가가 내 곁에 눕기를 바라는 무의식의 발로인지도 모릅니다. 한데 어제는 너무 피곤해 똑바로 누웠나 봐요. 뒤척이다 습관적으로 왼쪽으로 돌아누웠습니다.
 동시에 후다닥 내 속에서 어떤 물체가 튀어 나갔습니다. 갑자기 몸의 내용물이 빠져나가니 허전했죠. 내장이 다 빠진 껍데기, 빗장뼈에서부터 명치까지 써늘한 바람이 스쳐갔어요. 그것을 잡으려도 이미 형체가 없어졌습니다. 나도 모르게 내 몸에 들어왔던 것이 무얼까 생각하느라 그루잠이 들지 못했습니다.
 불을 켜고 자리끼를 한 모금 마셨습니다. 가늠해보니 내 몸

속에서 탈출한 것은 사람 형상이었어요. 고체와 액체의 중간 형체로 우뭇가사리같이 말캉거리는 덩어리, 내 몸과 형체와 크기가 비슷했습니다. 늘 내 주위를 어정거리며 보이다 말다 하던 문제의 그였나 봅니다. 깊이 잠든 줄 알고 살그머니 내 몸에 들어왔다가 잠이 깨는 눈치에 도망쳤나 봐요.

어제 오후 7시쯤 집으로 돌아오는 길이었어요. 사람이 많은 전철 안에서 나를 빤히 바라보는 시선이 뺨에 닿았습니다. 둘러보아도 주변에 나를 노려보는 사람은 없었습니다. 앞사람도 옆사람도 손전화를 어르고 있었죠. 그래서 내 어리숭한 직감에 혀를 차며, 요 며칠 나를 붙들고 있는 작품의 적확한 단어를 찾으러 매달렸답니다.

집으로 오는 골목길을 잰걸음치는데 뒤따라오는 발자욱 소리가 들렸습니다. 내 걸음이 빠르면 발자욱 소리도 빨라지고 느리면 발자욱 소리도 느려졌습니다. 치한이다 싶어 홱 돌아보니 가로등 빛에 저녁 이내만 고즈넉하게 졸고 있었습니다. 밤길은 늘 예민해지니 헛것을 보았겠지요. 한데 내 귓가에 내 것 말고 다른 생물체의 숨길이 닿는 거예요. 익숙한 체취가 코끝에 닿자 그인 줄 알아챘지요. 그는 내 손을 잡고 아파트 현관 앞까지 왔습니다. 그리고 눈길 한 번 주지 않고 휘적휘적 가버렸어요.

빈집의 썰렁한 공기를 예상하며 현관문을 따고 들어섰습니다. 난방기는 꺼져 있는데 공기는 훈훈했어요. 사람의 숨결이 가득했어요. 거실과 안방에, 주방과 욕실에 열 개도 넘게

복제된 그가 있었습니다. 그가 팔을 벌리자 망설임 없이 그의 품에 안겼습니다.

외로울 때는 의식적으로 주변 사람들에게 쌀쌀히 대합니다. 틈새를 비집고 들어오는 유혹을 막자는 연막전술이죠. 한데 유일하게 그만은 경계해야 할 대상이 아니라는 확신이 듭니다. 서른세 평의 공기는 평화로운 온기로 따뜻했으니까요. 그와 한 침대에 들었는지는 기억에 없는데 그는 내 몸안으로 들어왔더군요.

그는 내가 아주 어렸을 때, 내 자아의식이 싹틀 때부터 나를 지청구했습니다. 탯줄에 같이 붙어 있었거나 그 훨씬 이전부터 내게 붙으려고 별렀을지도 모릅니다. 이것 하지 말라, 저것 먹지 말라, 세상에 아무리 좋은 것과 즐거운 것이 많아도 네 몫은 하나도 없다라고 했죠. 듣기 좋은 꽃노래도 세 번이라는데 매일을. 아무튼지 그와 전혀 친해지고 싶지 않았어요.

만나고 싶은 사람 앞에 팔 벌려 막아서고, 읽고 싶은 책은 감췄습니다. 내 두뇌에 동영상 화면을 돌립니다. 거센 흙탕물 속에 나를 밀어넣고 허우적거리는 모습을 즐깁니다. 곰이 어슬렁거리는 동굴 안으로 넣기도 하고, 불이 났을 때 집문서와 돈이 든 가방을 들고 도망갔습니다.

"나는 네가 정말 징그러워, 제발 내 앞에 나타나지 마."
하고 가위에 눌려 여러 차례 소리쳤습니다.

진저리치며 그에게서 도망했지요. 한데 그는 도망칠 때마다 내 목덜미를 붙잡아다 주저앉히더군요. 다섯째이모는 매를 견디지 못해 가출했는데 헤어지라는 권고를 무시하고 깁스를 풀자 다시 남편 매를 찾아갔어요.

이모의 마조히즘적 유전자가 그대로 내게 대물림했나 봐요. 그를 피하고, 엇갈려 돌고, 반대방향으로 달리다 어느 순간에 이모가 이해되었습니다. 그 무렵부터 마조히즘을 타고 오는 카타르시스를 알게 되었죠.

두 손을 든 내가 대견한가 봐요. 그도 태도를 싹 바꾸었습니다. 헝클어진 일을 두고 조바심칠 때 결정적인 단어 하나를 툭 던져주었습니다. 나쁘지 않은 쪽으로 일을 처리할 수 있는 단어였습니다. 조물주가 내 배낭에 흙을 한 삽씩 보태며 정상을 가리킬 때 그가 몰래 한 줌씩 덜어 나무 밑에 버렸습니다. 고개 숙이고 채찍을 기다릴 때, 내 정수리 바로 위에서 세 번째 내려치는 신의 손목을 잡아채는 억센 손이 있었습니다. 그가 바로 그 아니겠습니까? 그는 이제 남편과 자식이 넘겨다볼 수 없는 관계인이 되었습니다.

하느님이나 부처님, 마호메트도 얼쩡거리지는 않겠지요. 터줏대감이거나 숙명의 그림자일지도 몰라요. 그가 지나치게 야멸쳤던 것은 내가 지나치게 나약했기 때문일 거예요. 세파를 견뎌낼 힘은 없고, 감성만 웃자라니, 영악함을 단련시킬 심산이었을 거예요.

그는 나를 속속들이 아는 것 같은데 나는 그를 전혀 모릅니다. 여자인지 남자인지, 트랜스젠더인지, 천사의 화신인지,

악마의 혼령인지 몰라요. 나를 도와주려는지, 혹은 기회를 노리다가 내 나머지 시간을 꺾자 놓으려는지조차 모릅니다. 다만 그와의 관계를 끊을 수 없다는 것을 어렴풋이 감지할 따름입니다.

때로 그가 기다려지기도 합니다. 둘이 일인용 의자에 한쪽 엉덩이를 걸치고 무릎담요를 같이 덮고 독서합니다. 내가 먼저 읽고 기다렸다 책장을 넘기기도 하지만, 대체로 그가 내 속도에 맞춰주어요. 마주 앉아 차를 마실 때는 '내가 최후의 순간까지 의탁할 존재가 이 사람인가' 싶기도 해요. 그래 내가 옴살 같은 속내를 드러낼라치면 프로판가스처럼 허공으로 휘발해버립니다. 야속하고 미운 도깨비 같은 존재죠.

이 아침에도 7시에 푸석한 얼굴로 식탁에 앉습니다. 그도 당당히 맞은편 의자에 앉는군요. 그가 눈짓을 하자 냉큼 아라비카 커피 두 잔을 탑니다.

"자, 이제 오늘 하루를 같이 시작해 보실까?"

빙글거리며 수작을 걸어오는 그가 나를 지켜주는 수호신입니까, 전생의 내 연인입니까, 육감을 동원해 존재를 느끼게 하려는 뿌루샤*의 장난입니까? 도대체 그가 나의 누구입니까?

* 뿌루샤; 인간의 심장 속에 항상 머무는 손가락만한 불멸의 존재. 불교와 힌두교와 자이나교의 원전, 까타와 슈베따슈바따라 우파니샤드에 등장.

〈2010년 여성문예원 공모 장려상〉

아침을 세우는 커피

　식탁 위에 커피병 잔고가 아슬아슬하다. 백화점의 커피 코너에 들렀다. 원두커피와 분말과 믹스제품도 여러 가지, 우유나 초콜릿과 섞은 캔 종류도 많다. 연두색 콩을 볶아 갈고 거름종이에 거른 솔루블(soluble)은 카페인 양을 조절할 수 있어서 좋다. 가장 쓰고 가장 싼 인도네시아 산 로브스타에 인공향을 섞은 헤이즐넛은 향이 좋지만 맛은 별로다.
　커피의 역사는 길다. 11세기에 아비시니아(에티오피아) 목동들이 염소들이 관목에 달린 붉은 열매를 따먹고 활기차게 뛰어다니는 모습을 보고 먹기 시작했단다. 15세기부터 인도, 서인도제도, 중앙아메리카, 케냐, 탄자니아 등에서 활발히 재배되었다.
　커피의 종류는 130종이나 되고 중남미에서는 아라비카를 70%, 아시아에서는 로브스타를 30% 생산한단다. 단맛, 쓴맛, 신맛, 짠맛, 감칠맛에 로스팅 방법에 따라서도 맛이 다양해지니 우리의 혀는 수백 가지의 커피 맛을 즐길 수 있다. 미네랄이 없는 정화수를 끓여서 약간 식혀 70~75도로 식힌 커피 맛이 최고다. 하지만 나는 그 수많은 커피 종류 중에서도 내 취향에 맞는 몇 가지의 맛만을 볼 수 있다.

　서양인이 물 대신 수시로 마시는 dish water, 아랍인의 터번을 상징하는 카푸치노, 40도에서 가장 쓴맛을 내는 아이스커피, 입술이 닿는 부분에 레몬즙과 굵은 입자의 설탕을 묻힌 커피샤워, 잔 위에 설탕과 스푼을 놓고 불을 붙여 내리는 나폴레옹 카페로열, 사향고양이 소화기를 거쳐 나온 루왁은 너무 곱지도 거칠지도 않게 침전물 없이 갈아야 한단다. 커피마니아들은 이리 다양한 맛으로 미뢰(味蕾)에게 즐거움을 준다. 내 둔한 미뢰는 분쇄하고 거르는 번다함만큼 맛의 차이를 못 느낀다. 로부스타나 리베리카는 입맛 정서에 맞지 않고, 루왁은 주머니 사정에 맞지 않는다. 부드러운 향과 맛을 지닌 해발 800미터 에티오피아 산 아라비카를 집어 들었다.

　커피는 진통제였다. 십대부터 '직립성저혈압'에 시달려 김치 종발에 커피를 타 마셨다(예쁜 커피잔은 백화점에서 구경할 뿐이었다). 잠을 설치거나 뇌가 쾌청하지 못한 날은 한 잔 커피로 지낼 만했다. 하지만 뇌에 먹구름이 짙게 낀 날이나 커피를 늦게 대령한 날은 신경 조절 귀신이 용하게 알아채고 농도 짙은 두통을 처방했다. 망치로 두드리는 통증에는 커피와 함께 두통약 사리돈을 삼켰다. 커피는 뇌신경을 날 세우고, 진통제는 신경을 둔화시키는데 반대성질의 둘이 만나 내 머릿속에서 어떤 화학작용을 하는지 알 수는 없다. 아무튼 홍야 홍야 내 통증을 지워주었으니 다행이다.

다른 세포는 11년을 주기로 바뀌는데 신경세포만은 죽을 때까지 교체되지 않는단다. 오히려 나이 들수록 예민해지기도 한다. 오후 커피는 불면증을 불러왔다. 오후에 마시고 잠 잘 수 있다면 엄청 많은 양의 커피를 축냈을 게다. 해발 500m의 티베트 커피 농사꾼은 내 이런 까탈진 신경을 원망할 테고.

언제부터인지 커피는 하루를 시작하는 의식이 되었다. 식탁에서는 절대 마시지 않는다. 전날 밤 숙면이 다섯 시간이면 한 술, 세 시간이면 두 술, 노루잠이라면 네 술, 날밤 새운 날은 고봉으로 다섯 술을 탔다. 그것을 들고 내 거실을 들여다보는 남산의 서장대를 향해 앉는다. 물소 가죽 소파에 영화에서 본 네로 황제처럼 비스듬히 앉는다.

직각으로 앉은 옆 아파트 모퉁이에서 연우(煉雨)가 피어오른다. 공기와 햇살이 어우러져 비단 문양을 그린다. 뭉치고 흩어지고, 흩어졌다 다시 뭉치곤 한다. 해가 뜨면 밖의 공기도 안의 공기도 흐름이 빨라졌다. 검은색은 아래로 밀려 내리고 허공은 오렌지빛의 햇살이다. 햇살이 뭉쳐 있던 공기 밀도를 휘휘 저어 흩어 놓는다. 오후 한 시에서 세 시까지 마냥 노닥거리던 공기도 오전 세 시부터 일곱 시 사이에서는 동동거린다. 7시 13분, 입에 문 커피 한 모금이 너무 뜨겁다. 뱉는다는게 엉겁결에 삼켜버렸다. 어제 허물 벗은 입 천장의 상처가

아침을 세우는 커피 29

불근거렸다.

앞 베란다를 통해 보이는 옆 아파트 건물들이 밤새도록 누워 자다가 5층으로 7층으로, 10층으로 벌떡벌떡 일어선다. 햇살을 이고 일어서느라 신비로운 기운마저 돈다. 다시 한 모금 마신다. 너덧 채, 아니 열 채다. 커피의 아린 맛을 얼마큼이나 더 누릴 수 있는가 잔을 들여다보다 눈을 드니, 그 틈에 햇볕은 후다닥 서른 채의 건물을 세웠다.

햇살이 와글와글 내 집 베란다 창으로 밀고 들어온다. 내 손등의 정맥 위에 베란다의 고무나무 그림자가 얹힌다. 동맥까지 빨리 뛴다. 일분에 예순두 번쯤 뛰던 심장이 여든여덟 번이나 아흔 번쯤 뛰나 보다. 갈색 액체가 빠르게 실핏줄을 타고 달린다. 세로토닌을 실은 쾌감이 전신에 퍼진다.

카페인이 칼슘 성분을 뺏어가 중년에게는 해롭다지만 커피가 갖는 몇 가지 덕(德)에는 감사한다. 단맛에 절은 미각을 되돌려 놓는다. 피로에 지친 육신에게 활기를 준다. 저가의 맥심블랙 한 잔이 최고가의 중남미 자메이카블루마운틴을 마시는 엘리자베스 1세 여왕의 품위까지 넘볼 수 있는 감성을 준다. 가장 으뜸 덕목은 뇌를 각성시켜 얼키고설킨 판단 능력을 가려주는 일이다. 견디기 힘든 상황도 견디어내는 인내의 신기(神氣)까지 준다. 커피를 '악마의 음료'라 정의한 중세의 교황은 술을 잘못 발음한 것은 아닐까?

누군가가 마름모꼴 비슷한 인간 구조에서, 가장 위와 가장 아래쪽의 사람들이 사회의 억압을 가장 많이 받는다고 했다.

하지만 중간층이라고 안 받을까. 많은 숫자는 돌출되지 않고, 흔해서 무시될 뿐이다. 평범한 삶의 지속도 천재가 걸작 제작하듯 용을 써야 한다. 이런 관점에서 보면 인간의 큰 근심, 고민을 잠재운 제일 공로는 커피이지 싶다.

"하버드대 졸업장보다 소중한 것은 독서 습관이다"

라고 갈파한 빌 게이츠의 말을 인용한다면 내게 활기를 주는 건 서랍에서 잠자는 우등상장도, 경찰서장 감사장도 아닌 한 잔의 커피다.

커피는 '인간의 욕망을 경감시킨다'는 아랍의 어원에서 온 단어다. 커피를 많이 마셔서인가 욕망도 조절되었다. 아무에게도 아쉬운 소리 하지 않으니 재물 부자요, 매일 6시간 독서를 즐기니 지식과 교양의 잠정적 부자다. 일 욕심도 줄였으니 평화의 부자다.

내 커피는 엷은 갈색에 소태의 쓴맛과 계피의 알싸한 맛, 햇살의 따순 맛까지 담겼다. 혀 위를 남실남실 만 개의 미뢰를 쓰다듬으며 식도를 넘는다. 자를 대보지 않아도 내 식도의 길이는 커피가 통과하는 25cm이다. 꼭 오늘 하루를 견뎌낼 만한 길이이다.

커피 한 모금 마시고 하늘 한 번 쳐다보고 또 한 모금 마시고 하늘 한 번 쳐다본다. 이 아침, 하늘은 구름 한 점 없는 맑은 코발트색이다. 내 심성도 푸르러진다. 커피가 세워주는 아침은 이리 청청하다.

만석거(萬石渠) 연잎의 행위예술

비다, 비, 지루한 건들장마다. '장마도 빨래 말릴 틈은 준다'라는 속담이 무색하게 한 달이나 햇빛을 구경하지 못했다. 이슬비로 시작한 비가 작달비로, 장대비에서 가랑비로 때론 소나기로 레퍼토리를 줄 뿐이다. 바삭하게 말라 가던 애호박 오가리들은 비설거지를 몇 번이나 했어도 곰팡이꽃이 피었다. 욕실은 물론, 침실과 거실 모서리까지 습기가 갱엿처럼 끈적끈적하다. 습한 공기를 가득 품은 가구들도 눅눅해, 그것들에 파묻혀 사는 사람까지 꿉꿉해진다. 피부가 근질근질하다.

텔레비전을 켜면 수해 소식뿐이다. 하루아침에 집을 잃은 사람들이 TV 화면에서 울부짖는다. 나도 수해를 당했었다. 신혼 초, 단칸방에 두 뼘이나 들어온 물을 퍼내고, 고추장 단지를 다락으로 올리고, 비단 혼수와 이부자리를 버리고 그 막막함. 20층 아파트에 살면서 다 잊었다고 생각했는데 삼십 년이 지난 오늘은 재생된다. 머리에서 발끝까지 습하다. 심장을 쥐어짜면 물이 주르륵 흐를 게다.

빗살이 조금 성글어진다. 울울한 심사를 달래주어야 한다. 비거스렁이가 몰려오려나. 만석공원으로 나가보자. 우산을 들고 나섰다. 이런 날 산책은 처량맞아 보이기 맞춤이다. 다만 아무것에도 집중할 수 없는 건들중을 주저앉히고 싶을 뿐이다.

수원에는 수원(水源)이라는 이름이 말해주듯 저수지가 많다. 자그만치 열두 개다. 그 중에서 가장 크고, 아픈 역사를 지닌 저수지가 만석거다. 정조대왕의 꿈이 담겼던 연못이다. 삼남에서 올라오는 물자로 상업을 일으키고, 농업을 발전시켜 이곳에 조선의 새로운 초석을 놓으며 왕권을 강화하려던 군주였다.

"십 년을 기다려 만석을 거두는 이익으로 수성(守城)의 일조가 되리라"

고 1795년에 넓이가 850척, 깊이가 8척7촌의 만석거를 만들고 이앙법(移秧法)을 보급했다. 세자에게 전위한 다음 이곳 수원에서 아버지를 자주 찾으며 학문에만 정진하려 했었다. 313년 전 그때처럼 오늘도 만석지기 논에 들어갈 만큼 저수지의 물은 출렁이는데 정조대왕의 꿈, 조선의 개혁은 물거품이 되었다.

정조대왕은 세종대왕에 버금가는 성군이었다. 백성을 사랑했고, 학문에 정진했던 임금이었다. 당파싸움에 희생된 아버지 사도세자의 죽음이 애통해 지관을 풀어 수원의 명당에 이장했다. 용이 여의주를 물고 승천하는 꿈을 꾸고 왕실의 원찰처럼 용주사도 지었다. 일 년에 두 번씩 아버지의 산소를 찾아 엎드려 통곡하다 기절하곤 했었다. 성묘를 마치고 돌아갈 때도 아버지와 멀어지는 것이 안타까워

"지지리 가자, 지지리 가자"

해서 어가는 느리게 움직였고, 수원에서 한양으로 넘어오는 고개는 '지지대 고개'로 불렸다. 북을 치는 백성의 억울함을 들어주고, 한양이 아닌 수원에서 과거시험을 치르고…. 이런 임금을 잃은 민초들의 서러움을 하늘도 서러워 눈물을 흘린다.

시내 한복판에 저수지가 자리 잡았다. 저수지 둘레에 공원이 만들어졌다. 근처 아파트의 주민들의 산책로다. 뱃살과 전쟁을 하는 사람들, 대사중후군 있는 사람들이 열심히 걷는다. 오늘은 가루비 속을 고등학교 체육부 학생들이 스무 바퀴째 뛰어 돌고 있다.

발밑을 내려다보니 일개미들이 죽은 메뚜기를 끌고 가느라 부산스럽다. 여왕개미가 특수한 물질을 뿜어 일개미들을 지시하는지, 일개미들 스스로의 행동인지는 밝혀지지 않았단다. 생태계의 모두가 자신의 위치를 지키려고 죽기 살기로 일하니 아마도 무리의 일원으로 살아남으려는 본능일 게다.

봄꽃이 지고 난 여름, 칠월을 화려하게 장식하던 연꽃은 일찍 져버렸다. 지각생 홍련 한 송이가 민망한 표정이다. 기세

좋게 뻗는 부들도 있지만 물 정화 능력은 연이 단연 으뜸이다. 진흙탕에서 고고한 연꽃이 피어나듯, 저수지나 연못, 웅덩이에 자신은 물론 이웃의 심성까지 정화되기를 바라는 마음들이 연을 심는다.

연잎은 비를 즐긴다. 어슷비슷한 키로 어깨를 비비적비비적 대며 수런거린다. 직경이 두어 자나 되는 잎은 세상 고민을 혼자 다 끌어안은 듯 제 가슴에 할랑할랑 손부채질한다. 어린 티를 갓 벗은 잎은 입을 막으면서도 노냥 킬킬거린다. 젖먹이처럼 여린 잎은 얼굴 반쪽이 큰 잎으로 가려졌으면서 방글거린다. 양쪽 끝에서부터 가운데로 말아오다 중심에서 끝이 만난 잎은 입술을 앙다물었다. 무엇 때문에 심술이 났지? 비슷해 보이는 만 개의 잎들은 만 가지의 표정으로 서 있다.

그친 줄 알았더니 또 가랑비다. 떨어지는 비를 받는 연잎은 바람세를 타고 사그락사그락 음표를 읊는다. 육간대청의 정경부인이 스란치마 끄는 소리다. 연잎에 빗방울이 떨어진다. 잎 면의 경사를 타고 구슬처럼 따그르르 구른다. 열두 번 재주를 넘으며 잎자루의 오목한 곳으로 모인다, 물이 모인다. 잎자루 가운데 물이 그득 찬다. 연 줄기가 휘청 휘어진다.

"저걸 어째, 연 줄기들이 다 꺾어지고 말 거야"

하고 중얼거리다 깜짝 놀랐다. 연잎들은 조심스럽게 한 면을 기울여 빗물을 따라낸다. 그리고 허리 두드리며 펴는 노파처럼 천천히 선다. 빗물이 고이면 공손히 받아 살며시 따라내고, 또 고이면 따르고, 또 고이면 또 따르고…. 어린잎도 큰 잎도 만개의 잎들이 똑같이 절도 있는 연출이다. 찻잔에 차를 따르듯 정성스레.

잎들은 마파람도 하늬바람도 좋단다. 갈마바람까지 오란다. 바람세 박자에 맞추어 허리를 굽혔다 폈다 굽혔다 폈다 반복한다. 빗방울이 떨어지는 양에 맞춰 진양조에서, 중모리를 거쳐 휘모리까지. 는실난실, 건들건들, 선들선들, 비칠비칠, 휘적휘적.

놀라울 뿐이다. 이것을 어찌 자연의 섭리라고만 할 수 있나? 아주 훌륭한 행위예술이다. 연잎 자체의 지혜와 의지를 담은 예술이다. 19세기, 젊은 예술가들의 행위예술(行爲藝術) 장르가 혹시 이 연잎의 연출에서 얻은 아이디어가 아닐까?

우리 눈은 주인공에게만 주목한다. 그러나 시인 비슬라바 쉼보르스카는

"잎이 없는 꽃보다 꽃이 없는 잎들을 더 좋아한다. 해마다 맞이하는 기념일보다 사랑으로 모든 날을 기념하는 것을 더 좋아한다. 질서 잡힌 지옥보다 혼돈의 지옥을 더 좋아한다. (중략) 모든 존재가 그 자신만의 존재 이유가 있다는 가능성을 마음에 담아두는 것을 더 좋아한다."

고 읊었다. 지금 그의 시에 전염되는 중이다.

연잎의 행위예술을 관람하는 관객은 나 혼자다. 연잎은 관객이 적어도 개의치 않는단다. 누구든 주연의 삶을 즐길 사람만 와서 보란다. 만년 조연이라 생각했던 연잎은 열정적인 주

연을 연기하는 중이다. 바람의 추임새가 신명을 돋우었다.

　나도 조연에 충실했었다. 어떤 조연이든 내 역할에 기력을 다 쏟았다. 불평하면서 그리했었다. 주연은 소실점처럼 까마득해 보이고, 내 숙제는 얄쭉 없는 내 몫이니.

　애시당초 조연이란 없었다. 돌이켜보니 길기만 했던 조연의 시간들이 실은 오페라의 서곡이었다. 서곡조차 주연의 시간들이었다. 생명을 탄 누구나가 다 주연이다. 노냥 짓밟히는 민들레도 바람에 홀씨를 날리고, 밭고랑에서 뽑아버리던 바랭이도 바늘 끝만큼 뿌리가 흙에 닿으면 다시 발을 뻗었다. 토끼를 잡으려는 사자도, 도망치는 토끼도 모두 절정을 연기하는 주연들이다. 땅 아래의 지렁이까지도.

　팔뚝에 소름이 오소소 돋는다. 소름에 희열도 섞여 돋는다. 서쪽 하늘에 뽀얀 날비가 떴다. 지금 수해로 절망하는 사람들도 내일은 다시 웃을 수 있을 게다. 오늘의 환난은 반드시 다음날의 환희를 가져오니까.

　비 오는 날은 파도타기의 높은 골을 넘는 과정이다. 그러나 주연의 아름다움을 확인하는 날이다. 주연들이 아름다운 날이다.

표준 맛 김치

특허를 받은 표준 맛 김치를 수출한다는 신문 기사를 읽었다. 표준 맛 김치란 처음 들어보는 단어다. 김치에 표준 맛이 있는지, 대한민국을 대표한다는 표준 맛은 어떤 맛인지, 특허의 심사 기준은 어디에 두는지? 사뭇 궁금하다.

똑같은 사람이 똑같은 재료로 담가도 김치 맛은 매번 다르다. 일정한 온도를 유지시킨다 해도 김치 안의 2백 가지가 넘는 세균은 제각기 저 가고 싶은 방향으로 번식한다. 그것들의 번식과 공생관계가 빚어내는 맛의 조화를 우리로선 알 재간이 없다. 땅속의 일정한 온도도 김치냉장고의 정확한 숙성장치에도 유산균은 매번 다른 속도로 성장한다. 비슷한 맛은 있더라도 똑같은 맛은 없다. 김치의 표준맛이란 존재할 수도 없다.

김장 전날은 해가 설핏하도록 배추 무를 뽑아 둥구미에 담아 날랐다. 아이들까지 나르기 바빴고 강아지까지 분주하게 쫓아다녔다. 배추를 다듬어 소금물 풀어 절이랴, 부지런히 두레박

질해 무 씻으랴 저녁도 늦었다. 그리고 한밤중에 일어나 배추를 두 번 손쳤다.

속 넣는 날은 잔칫날이다. 우물가에는 항아리와 양념 씻는 패, 마루에서는 마늘과 생강을 찧고, 채 써는 패의 수다들이 늘어졌다. 마당에 멍석을 서너 자락 펴고 속을 넣었다. 부엌 언니가 가마솥에 햅쌀밥을 짓고 옹솥에 배추속대 된장국을 끓였다. 김치광에 배추김치와 동치미, 깍두기, 비지미 등 열 개쯤의 항아리가 차고 점심을 푸지게 먹은 아낙들이 겉절이를 한 옹배기씩 들고 갔다. 굴이나 생새우를 넣지 않아도, 돼지고기 편육이 없어도 속대쌈 맛은 기막혔다. 손등이 빨갛게 얼어도 좋았다. 김장하는 날은 큰언니 시집가는 날만치 북적였다. 땔감과 겨울옷을 준비하고 마지막 월동준비까지 끝낸 느긋한 풍요였다.

지금은 사라졌지만 배추 열세 포기에 김장꾼은 열다섯이 모이던 과도기도 있었다. 새마을운동 소속 부녀회원들이 집집마다 몰려다니며 고등학교 학습평준화 시키듯 동네 김치를 하향 평준화 시켰다. 남의 김장에

"소금 더 넣어"

하고 경상도 여자가 참견하면 전라도 여자가 얼른 멸치젓 두 스푼을 넣는다.

온 동네 김치 맛이 어슷비슷해졌다. '잘 살아보세 운동' 후유증이었다. 예나 지금이나, 김장판이나 장기판이나 훈수꾼의 세력은 주인공보다 드셌다. 김치의 고유한 맛이 사라졌다. 음식점의 김치, 슈퍼마켓 판매대의 종갓집 김치, 하선정 김치, 심

지어 가정의 김치까지 어슷비슷한 맛이 되어버렸다.

배추단지 평택에서 배추 농사를 지었었다. 밭농사는 논농사보다 일이 많다. 흙에 재를 섞어(뿌리를 튼튼하게) 체에 내리고 편편한 바닥에서 반죽해 막대자로 인절미처럼 잘랐다. 가운데 구멍을 뚫고 씨앗을 하나씩 넣었다. 비닐을 씌우고 아침저녁 물을 주면 며칠 뒤 고사리손 같은 모종이 나란히 줄 섰다. 잎이 대여섯 장 되었을 때 밭에 옮겨 심고 물을 준다. 보름쯤 지나면 잎이 열 장쯤 된다. 배추장사꾼이 드나들며 평당 포기 수를 가늠해 값을 흥정한다. 돈이 바쁜 사람은 냉큼 넘겨버렸다. 장사꾼들은, 두 번만 주어도 될 요소비료를 서너 번 주고 농약에 전착제 섞어 듬뿍 쳤다. 배추는 머리채 끌려 올라온다. 웃자란 배추는 짐짐하다.

나는 김장에 큰 비중을 둔다. 프랑스 게랑드 명품을 웃돌게 미네랄이 풍부한 서해 천일염을 사서 삼 년쯤 간수를 뺀다. 마늘은 중국산에 속지 않으려 봄에 흙 묻은 것을 산다. 맞물 고추도 행주질 쳐서 빻아놓고 식구들 입에 맞는 젓갈도 미리 준비한다.

김장은 다른 일과 겹치기 하지 않고 김장에만 집중한다. 배추 고르기가 어려워졌다. 재래시장에 나가 점포마다 돌며 반으로 갈라놓은 배춧잎을 조금씩 씹어본다. 짐짐한 맛은 물을 많이 먹은 골막이 배추로 갓이 두껍다. 뒷맛이 씁쓸한 놈은 복합비료 많이 준 장사꾼 배추다. 다 마땅치 않다. 냉이보다 조금 큰 재래종이 내 입에 맞는데 이제는 찾기 힘들다.

해산물을 넣으면 맛이 좋으나 배추가 쉬 물러진다. 설탕 말고 배와 양파를 갈아 넉넉히 넣는다. 실온에서 하룻밤 숙성시켜 두 개의 김치냉장고에 넣는다. 공기와 물 접촉이 상극인 김치는 상을 다 차리고 난 다음 일회용 장갑을 끼고 꺼낸다. 채소의 신선한 맛, 잘 발효된 젖산과 류코소스톡 유기산의 깊은 맛, 갓과 미나리의 향 어우러짐이 입 안으로 쫘악 퍼진다. 먹어 본 사람들은 요구한다.

"김치가 너무 맛있어요. 조금만 나눠주실 수 없나요?"

농업에서 산업사회로, 정보사회로 돌입하는 과정을 예견한 앨빈 토플러가 말했다. 음식도 첫 번째가 간, 두 번째가 양념, 세 번째는 발효 맛이라고. 앞으로는 발효음식이 대세일 것이란다.

코엑스 지하 풀무원 김치박물관에는 333종의 김치가 있었다. 수삼김치, 콩나물김치, 더덕김치, 골곰짠지, 죽순김치, 감김치, 꿩김치….

김치를 활용한 음식도 많다. 다시마와 디포리, 콩나물 넣고 해장국 끓인다. 고등어조림 밑에 깔고, 김치볶음밥 하고, 다져서 만두속 넣고, 수다 떨고 싶은 날 김치전 부쳐놓고 5층 아낙 부른다. 묵은지찜, 김치잡채, 김치버거….

김치에 있는 세균 정체를 찾아야 한다. 어떤 유산균이 어느 재료를 얼마큼 좋아하는지 비율을 찾아내고 정확한 시점에서 숙성을 차단하는 기술을 개발해야 한다. 하면 '덜 숙성된 황해도 배추김치', '잘 숙성된 전라도 갓김치', '중간 숙성의 경기도 보쌈김치'로 다양한 상표를 붙여 수출할 수 있다.

이북 김치의 내장까지 시원한 맛에서 실향민의 아픔을 나누고, 전라도 김치에서는 젓갈의 진한 맛에 취하고 싶다. 경상도 남자의 뚝심이 맵고 짠 김치에서 나왔는지 손부채질하며 경험하고 싶다.

발효음식은 요리 연구가들이 정확한 레시피로 한 접시 뚝딱 만들어 내는 음식과는 다르다. 실수하며 자꾸 해봐야 한다. 편하다고 배달 음식을 즐기는 사람은 레시피 외우지 못하면 냄비밥 못 짓는다. 감칠맛을 못 찾는다.

학자는 십 년을 연구해 박사학위를 딴다. 육신을 쓰는 일도 똑같이 정성을 쏟아야 한다. 십 년 전업주부가 자기 고유의 손맛을 내지 못한다는 건 무지다, 게으름이다. 그런데 음식에 소홀한 사람이 점점 많아지면서 고유의 김치 맛도 사라져 간다.

김치는 대표적인 발효음식이다. 면역력 증강, 노화 방지, 정장작용에 좋다. 세계 5대 건강식품이다. 우리의 김장 문화는 이웃들이 모여 웃고 떠들며 즐기는 동네잔치다. 유네스코 문화유산에 등재되었는데 젊은이들은 유산균 말고 샐러드를 더 좋아한다.

표준 맛을 찾는 사람의 머리에서는 표준 사유만 길러질 것이다. 표준을 강조하면 특색이 사라지고, 특색이 사라지면 발전을 기대할 수 없다. 다양성과 창조성이 발명의 첫걸음인데….

표준을 강조하는 시대에 표준 아닌 사람은 소외된다. 주위에서는 내가 디아스포라란다. 표준에 합류하지 못한다고. 그러나 누가 아무리 종주먹질을 해도 나는 내 손맛, 내 개성이 담긴 김치를 고수하련다. 내 고유한 맛은 내 자존심이기도 하니까.

성북천변의 능수버들

 밤비 소리가 요란하다. 잠이 깨었다. 겨울눈은 사람을 들뜨게 하더니, 여름비는 사람의 가슴을 대책 없이 촉촉하게 적신다. 비에 갇힌 시간의 상상은 차라리 자유롭다. 곧잘 과거로 나를 이끈다. 다시 잠들기 어렵게 생겼다.
 추억은 현재와 미래를 이어주는 자화상이다. 힘들었던 시간도 지나고 되돌아볼 때는 아름답다. 이리 비 오는 한밤중에는 어제같이 선명한 날의 낭만에 젖는 것도 괜찮은 일이다.
 성북천은 장위동에서 성북구청 뒤로 해서 제기동을 거쳐 청계천으로 흘러드는 개천이다. 개천을 끼고 양쪽으로 이면도로가 나란히 뻗었다. 양쪽 석축 위에는 능수버들이 마주 보며 서 있다. 능수버들과 나란히 한옥도 마주 섰고 대문에는 오얏 무늬의 검은 쇠 장식이 석 줄씩 박혀 있다. 안암동 333~335번지 사람들의 애환이 고스란히 성북천과 수양버들에 묻어 있었다.

능수버들은 생김새가 여느 나무와 다르다. 가지를 뻗쳐 들고 햇볕을 더 많이 차지하겠다고 아우성치지 않는다. 어깨에서부터 힘을 빼고 가지를 아래로 툭 툭 떨어트린다. 하늘을 올려다보며 자라는 것이 아니라 땅을 내려다보며 자란다. 긴 것은 긴 대로 짧은 것은 짧은 대로 옆 가지의 참견도 허용한다. 성장보다 이완의 힘을 느끼게 되는 가장 한국적인 나무다.

아직 땅이 녹지 않은 2월의 나무는 바싹 마른 가지를 쏟아낼 것 같다. 준비 없이 손님을 맞는 듯 조금 어설프게 시린 팔을 젓는다. 비켜서서 보면 마른 나뭇가지 사이로 엷은 아지랑이 기운이 눈치 보며 흐른다. 겨우내 참았다가 맨발로 언 땅을 헤집어 수분과 양분을 빨아올리고 나르는 작업의 시작이다. 가지 끝에 연노랑을 찍었나 싶은데, 사흘 뒤에는 갓 부화한 병아리를 닮은 중노랑이다. 진노랑을 거쳐 연초록, 중초록으로 시간마다 색이 짙어진다. 유록이 익을 무렵에는 아침나절과 점심나절의 색이 완연히 달랐다.

능수버들은 열 발짝쯤 떨어져 보아야 가지들의 흥을 볼 수 있다. 북풍의 휘모리장단에서 엇모리를 거쳐 중모리로 팔을 젓는다. 마파람에 솔로로 시작해 듀엣이었다가, 사중창으로, 마침내 합창이 된다. 태평가를 연주하다 느닷없이 방정맞은 진도아리랑을 연주하기도 한다. 제멋에 겨운 흥은 바람이 지휘봉을 내려도 그치지 못한다. 장옷 쓰고 걷는 조선 여인같이 감추는 내면의 박자가 깊다.

안암동에서 살 때 능수버들에 정을 뿌리며 지나고, 돌아오며 뿌렸던 정을 주웠다. 쉬는 날, 능수버들 둥치에 기대앉아 명작을 읽었다. 물질도 마음도 부족한 현실, 감성을 부요하게 만드는 유일한 방법이 책이었다.

명문 여고 졸업생들은 거의 다 대학에 진학했는데 나는 마지막 등록금을 내지 못한 처지다. 진학해야 할 남동생이 둘이나 있었다. 석축에 쪼그리고 앉아 버들잎을 훑어 냇물에 뿌렸다. 울화를 실어 보내는 유일한 방법이었다. 어쩌다 한 번씩 고개를 드는 아가씨의 낭만도 모질게 구겨 던졌다.

버드나무 둥치에 등을 기대고 『안나카레니나』를 읽다 풋잠이 들었나 보다. 나는 머리를 양 갈래로 땋아 늘였다. 주름이 많고 구슬도 주렁주렁 달린 중세 여인들 파티복, 연분홍 드레스를 입었다. 페치코트가 보일까, 드레스 자락이 땅에 닿을세라 양손으로 살짝살짝 들어 올리며 걸었다. 다리 아래 체격이 건장한 그가 검은 정장 차림으로 동쪽의 달을 향해 서 있었다. 그의 모습을 보자 가슴이 빠른 박자의 꽹과리를 치고, 발은 공중에서 허둥댔다. 그가 나와 주었다, 그가. '침착해야, 침착.' 한 손으로 가슴을 지그시 누르며 둔덕을 돌아서 그의 뒤에 섰다. 무슨 생각이 그리 깊은지 그는 내가 뒤로 바싹 다가서도 몰랐다. 목소리를 쥐어짰다. 내 것보다 한 옥타브를 뛰어넘는 남의 것 같은 쇳소리다.

"오래 기다리셨어요?"

그가 천천히 돌아섰다. 그의 얼굴이 보일락말락 했을 때 빙어 같은 버들잎 한 장이 뺨 위로 떨어졌다. 낭만은 끝났다. 다시 잠을 청해도 그는 보이지 않았다. 다음날도 그 다음 날도 그곳에서 잠을 청해 보았지만 그가 다시는 나타나지 않았다. 꼭 한번 보고 싶었는데, 간절하게 보고 싶었는데.

2008년 영국 여행 때 워더링에 가는 길에서 노랑 겨자꽃 밭둑에 선 능수버들을 보았다. 미열이 있는 이마에 바람은 초록색을 끼얹어주며 달아났다. 지구를 반 바퀴 돈 남의 나라 능수버들도 내 나라 능수버들과 똑같은 모습이었다. 성북천변의 능수버들이 궁금했다.

돌아와 성북천을 찾았다. 능수버들은 자취도 없었다. 시멘트로 포장된 개울 위를 자동차가 씽씽 달리고 있었다. 한옥 대신 고개를 발딱 쳐들어야 꼭대기가 보이는 빌딩만 즐비했다. 엄마 잃은 아이처럼 두리번거리다 돌아섰다. 내가 살아온 감성 시간은 실제 시계보다 훨씬 더디 흘렀나 보다.

강산이 네 번 바뀌는 동안 능수버들은 없어졌다. 그래도 추억은 어제의 일 같다. 물구나무를 서거나, 브레이크댄스를 춘 대도 그대로이지 싶다. 추억이란, 오늘이 즐겁고 내일은 아름다운 열매가 달리는 사고이다.

창밖의 장대비는 호되게 정원수를 때린다. 천둥이 요란하고 번갯불이 번쩍인다. 번쩍이는 섬광 틈새로 그의 뒤통수와 완강한 어깨가 퍼뜩 보였다. 그가 얼굴을 보이지 않은 것은 아마도 내게 가장 그리운 한 사람으로 남기를 바라서일게다, 하나뿐인 나의 남자로. 내게도 그는 단 한 사람의 남자였다.

이후 누구에게든 마음을 닫아걸고 살았다. 아무에게도 마음을 열 수 없었다.

워즈워즈의 「무지개」다.

> 하늘의 무지개를 볼 때마다 내 가슴 설레노니
> 나 어린 시절에 그러했고, 다 자란 오늘에도 매한가지.
> 바라노니 나의 하루하루가 자연의 믿음에 매어지고자

이 시를 읽는 내 마음까지 설렌다. 가슴 두근거림은 얼마나 근사한 일인가? 인생은 설렘의 연속이다. 어느 나이든 설렘은 아름다움이다. 이 밤은 지극히 아름답다. 밤이여 더디 새거라. 천둥이여 계속 치거라.

그의 완강한 어깨를 다시 보고 싶다.

밤에사 나를 찾는다

 낮에는 의식하지 못하던 내 심장의 퉁탕거림이 밤이면 팔짝팔짝 뛴다. 가뭄에 시들어가던 풀이 단비를 맞아 생기도는 야생화처럼 심장이 싱싱해진다. 밤은 나를 있는 그대로 받아주는 단 하나의 내 부속 내장이다. 나는 밤의 품에 망설임 없이 안겨버린다. 그에게 묻혀버린다, 통째로.
 밤은 초등학생이 스케치북에 그리는 칙칙하고 어두운 색이 아니다. 장례식장에 있는 음부를 상징하는 검은색이 아니다. '역사는 밤에 이루어진다' 라는 부정적 의미의 색도 아니다. 오만 가지 색을 합치면 검정색이 된다. 온갖 화려한 색을 품고 있듯 밤의 색은 모든 색을 합한 색이다.
 바꾸어 말하면 온갖 색들을 분리할 수 있다면 오묘한 여러 가지 색이 나타나는 것이다. 선과 악, 진실과 가식, 아름다움과 추함까지 다 포용하는 색이 검정색이다. 흑인들은 검은 색을 살색이라고 부른다. 내일을 기대할 수 있는 미지의 색이다.

여름에는 오후 여섯 시경부터, 겨울에는 네 시경부터 나는 집에서 백 미터쯤 떨어진 주목나무 옆을 서성댄다. 그 시간부터 땅은 천천히 피부를 이완시킨다. 촘촘한 땀구멍을 벌리면서 안개 같은 입김을 뿜어낸다. 아파트 지하에서, 정원수의 밑동에서, 물풀의 밑동에서부터 안개가 뿜어 나오기 시작한다. 주목의 뿌리 언저리에서부터 시작한 안개는 내 종아리를 축축하게 휘감는다. 스커트 아래로 스며 치한처럼 허벅지를 쓰다듬는다. 그러나보다 하면 일순간에 검은 장막이 확 펼쳐진다. 저녁의 굴뚝 연기처럼 공중으로 퍼져버린다. 그것을 구경하고 섰노라면 갑자기 닫혔던 요술 상자가 화들짝 열려진 느낌이다.

가슴이 울렁울렁하며 신열이 난다. 두통이 시작된다. 이러한 조짐은 어렸을 때부터 줄곧 앓아 온 지병이다. 아홉 살 때 내 집 과수원에서 잎이 다 떨어진 나뭇가지 사이로 보았던 장엄한 일몰을 보고 난 후부터였다. 말로는 표현이 안 되는 조물주의 연기를, 보지 말았어야 할 그것을 본 천벌 때문이었다.

한 시간 서성댄다. 아무것도 할 수가 없다. 신경안정제를 먹을 때도 있다. 그리고 내가 에이즈에나 걸린 듯 비감해진다. 하루를 허비해버린 시간이 아까워 허둥댄다. 콩가루를 넣을 된장국에 옆의 비슷한 용기에 든 도토리 가루를 넣고, 북어조림에 참기름 대신 풍풍을 한 수저 넣는다.

아홉 시 뉴스가 끝날 때쯤 나는 침대에 엎어져 앓는다. 현관문을 나서면서부터 시작한 하루살이를 모조리 끄집어내어 점검하면 실수하고 잘못된 부분만 되살아난다. 사람들과의 대화에서 누구에겐가 상처가 되었을 부분에서는 목이 멘다. 그리고 자신에게 실망한다. 대체 육십 년을 닦달하고 살았어도 아직도 그 모양새인 인간의 한계가 슬퍼진다.

뒤척이다 어찌어찌 여섯 살의 밤, 포근한 평화 속으로 빠질 수 있었다. 밤이 너무 길다고 푸념하시던 할머니의 말씀과는 반대로 나의 밤은 낮에 맛보았던 산딸기처럼 새콤달콤한 것이었다.

부산의 피난 시절, 의식이 있는 동안 배고픔의 통증이 한시도 떠나지 않았다. 주인집 영자는 쑥개떡을 들고 바깥마당으로 잘 나왔다. 꼬맹이들이 꽁무니를 따라다녔다. 그 애가 쑥개떡을 들고 나오면 나는 숨어버렸다. 거년스런 열 살의 자존심이었다. 검정 이불 속에서 밤에는 영자나 나나 평등하다. 십 년쯤 뒤에는 내가 아니라 영자가 숨어버릴 수도 있다. 그리고 밤이 영원히 계속되기를 간절히 빌었다.

낮의 해보다 밤의 달이 더 정겨웠다. 초승달은 앳되고 성성한 모습이 열여섯 처녀를 보는 것 같이 좋았고, 보름달은 풍족한 살림을 즐기는 아줌마가 상상되어 좋았고, 그믐달은 실연의 아픔을 삼키며 밤을 지새울 내 애절함을 닮아 좋았다. 밤의 공기는 달콤하고 견우직녀가 만나는 오작교의 로맨스도 달콤했다.

이렇게 좋은 밤을 자 버리기에 너무 아깝다.

'神은 아마도 자신의 몫으로 밤을 만들고, 인간에게는 땀 흘려 일이나 하라고 낮을 점지했을 것이다. 그리고 자신의 좋은 몫을 빼앗길까 봐 사람들을 모두 잠재울 것이다. 그러니 밤에 깨어 있는 것은 신의 영역에 더 가까이 갈 수 있는 것이다.'

너무 멀고 아득한 내 날들이 버거웠어도 밤이 있어 행복했던 날이었다. 그 모든 밤들이 나를 키워준 영양분이었다.

"나를 키워준 것은 팔 할이 바람이었다"

라고 고백한 미당의 어투를 흉내 낸다면 나를 키워준 것은 팔 할이 밤이었다. 낮 시간이 서툴고 주눅 들린 실수투성이의 시간이었다면 밤은 그렇게 멍청했던 나를 되찾아오는 시간이었다. 神의 방해 없이 내 상상의 날개를 마음껏 펼칠 수 있는 축복의 시간이었다.

이 밤에도 나를 발가벗겨 놓고 고해성사를 본다. 神과 나 둘이 대좌해서 몸을 해부해 내장까지 모두 꺼내놓는다. 육십여 년의 잘잘못을 까발려 놓는다. 얼마나 많은 날들이 내 의지와는 반대로 흘러갔는지, 인간이 당연히 누릴 기본적인 욕망을 눌러 가며 얼마나 내장들이 녹아 내렸는지, 얼마나 많은 희망을 신이 모질게 꺾어버렸는지 다 토해 놓는다. 그가 모르면 모르는 대로 좋다. 나와 마주 앉는 것으로 만족한다. 그가 나를 용서하는 것이 아니라 내가 그를 냉담한다. 이제 절대로 경배도, 그 와의 거래도 하지 않겠다.

"아직도 어린애 같은 감정놀음을 하는가?"

라고 신이 묻는다. 나는 격한 감정을 감추고 웃으며
"매 순간 긴장하고만은 살 수 없는 것이 모자라는 인간이다"
라고 답한다. 어리석게도 내일 다시 오늘과 똑같은 과오를
저지를 것이 뻔하니까. 그 내일의 나를 위해서 이렇게 거창한
의식을 치르는지도 모른다. 내게는 꼭 필요한 카타르시스요,
축복된 의식이다. 낮에 저지른 과오를 밤에 용서한다. 발가
벗은 상태에서만 솔직할 수 있는 나는 밤이 익숙하다. 밤이
좋다. 이 밤이여 더디더디 지나가라.

낮에 있는지 없는지 몰랐던 심장이 밤에는 살아나 쿵덕쿵
쿵덕쿵 떡방아 찧는 소리를 낸다. 내가 나다워지라고 열심
히 찧는다. 낮에 잃어버렸던 나를 찾는 소리다. 밤에사 나를
찾는다. 밤은 인간을 키워준다. 밤은 인간에게 더없는 축복
이다.

최선의 페미니스트 춘향 선배님

 춘향 선배, 당신은 영조 30년 남원에서 태어났고, 나는 1941년에 경기도에서 태어났습니다. 당신과 나는 엄청난 시간과 공간의 거리가 존재하는군요. 당신과 나 일면식도 없고 눈길 한 번 맞추지 못했지요. 한데 당신께 편지를 쓰고 있네요. 당신 삶이 내 삶의 방식과 똑같아서요. 세상과의 타협에는 미련하기 짝이 없어도 고통 속에서 일어서는 방식과 강한 자존심도요. 이기적이고, 권력이 판치는 무서운 세상에서 목숨처럼 귀한 자존감으로 무모하게 맞선다는 점에서 당신은 내 선배, 아니 이 시대 우리 모든 여인들의 선배입니다.
「烈女春香祠」 앞에 서서 당신의 영정을 봤습니다. 매년 음력 4월 8일 당신의 생일에 소박당한 한을 풀어주고 풍년 기원의 제사를 지낸다고요. 한데 제사를 받는 사람은 춘양(春陽)이라네요. 하룻밤 수청을 못 잊어 상사병으로 죽은 춘양이의 한을 풀어준답니다. 그래야 춘양이의 한이 풀리고 풍년이 든다고요. 이름이야 春香이든 春陽이든 상관없으나 상사병에 죽은 春陽이는 흔하디흔한 사내들의 희생물이요, 옥살이의 곤경을 딛고 일어선 春香이라야 기림직한 인물 아니겠어요.
 선배가 옥중에서 '貞烈夫人職牒'을 기대했습니까? 아니죠. 죽으면 양지바른 곳에 묻어 달라 했습니다. 남원부사는 삼 년 임기요, 이몽룡이 빠른 코스를 걸어도 소과, 대과를 거치는데 십 년 이상 걸리고, 설사 다시 만날 수 있다 해도 지방관과 일반 백성의 결혼을 금했습니다. 일부일처제도에 축첩이 대세였던 시절이에요. 선배는 법으로나, 인습으로나 첩실이 될 수밖에 없었습니다. 선배가 낳은 자식은 과거에 응시도 못하는 백수가 뻔하고…. 계산속 밝은 선배이니 이런 계산은 했겠지요.
 그러니 이몽룡을 택한 건 무모한 행동이었지요. 사랑에 눈이 멀거나 열여섯 살의 열정이래도 그래요. 월매의 딸답게 잡으러 온 군노사령들을 술과 돈으로 매수한 터에, 몽룡과 이별할 때에도 발 동동 구르며 중이 법고 치듯 가슴 치며, 머리 뽑고, 목에 수건을 동이며 죽이고 가라고 대들던 선배입니다. 그러다 문득 사세부득함을 깨닫고
 "영달한 뒤 좋은 사람 만나 혼인하고 잊지나 말아 달라"
 고 곱게 보낸 것도 선배 나름의 계산이었지요. 허나 계산이 어디 예상대로 맞아떨어지던가요? 세상일은 예상과 상관없이 굴러가지요.
 서양에 「로미오와 줄리엣」이 있다면 우리에게는 「춘향전」이 있다고들 합니다. 소녀 때는 「로미오와 줄리엣」이 멋있었

는데 나이 들어 다시 읽으니 허망합니다. 하나뿐인 목숨을 과학이나 학문, 인류의 평화, 인간의 심금을 울리는 예술에 걸지 못하고 동지팥죽 끓듯 하는 인간의 감성, 사랑 따위에 걸다니요. 그건 그냥 코끝이 찡한 젊은 날의 이야기일 뿐이지요. 명작치고 사랑이 등장하지 않는 작품이 있나요? 고전 명작에, 거의 모든 현대소설에, 시에, 연속극에, 시나리오에, 유행가 가사까지 모두 사랑 타령이죠. 세상에 널린 게 사랑이군요.

그러나 『춘향전』은 고달픈 삶에게 주는 고진감래의 과정이고, 내장까지 긁어주는 새콤달콤한 샐러드 맛이지요. 원작에 많은 사람들이 보탠 더늠 덕분이죠. 선배는 유진한의 『晚華集』을 시작으로 『獄中花』, 『烈女 春香 守節歌』 등으로 필사본 이외에 방각본도 120여 종. 연극, 현대소설, 영화까지 장르를 넘나들며 활약합니다. 판소리꾼들의 5~8시간짜리 바다까지 합한다면 수백 종이 될 겁니다. 파리 동양어 학교에도 『南原 古詞本』이 있다네요.

선배 아세요, 당신이 주인공인 영화가 열다섯 편이나 만들어지고 한국 최고의 최은희, 김지미, 문희, 이효정 같은 배우가 선배역을 했다는 걸, 1936년 중국옷에 모차르트 음악을 배경으로 한 러시아 발레를 우리 춘향으로 리메이크한 걸, 학자들은 여전히 쇠 뼈다귀처럼 선배를 우려낸 논문으로 먹고사는 걸, 필부(匹婦)는 선배로 하여 서러움을 견디고, 위로받으며 인간으로 대접받으며 죽을 수 있다는 사실을?

처음 「춘향전」을 접했을 때 신분 차이도 죽음의 위협도 넘는 사랑이 낭만으로만 읽혔습니다. 두 번째는 작위적인 남존여비 사상에 식상했고요. 이제는 당신에게서 절개나 사랑 그 이상의 것을 봅니다. 연인을 보내거나(춘희), 자살하는 나약한 여인(줄리엣)이 아닌, 강한 주체성으로 자신의 삶을 설계하는 한 페미니스트가 보입니다.

「春香傳」에는 화려한 의성어, 의태어와 한시에서 불경, 가사, 시조, 민요, 점성술, 잡가까지 들었지요. 선배는 몽룡에게 연계찜을 비롯한 서른여섯 가지의 요리에, 열여덟 가지의 술을 차려냈지요. 신분과 계층이 다른 독자들이 식성대로 골라 먹으라고.

적극적이고 진취적인 선배의 성격이 나를 사로잡아요. 거의 모든 조선의 여인들이 삼종지도와 일부종사에 매어 살던 때 당신은 자아의식이 뚜렷했어요. 이몽룡과의 첫날밤 불망기(不忘記)를, 외출 때는 향형자(香亨子)의 배행(陪行)으로 맞는다는 약속을 받아두었지요. 정열부인으로 승격시키겠다는 약속을. 하아! 요 대목에서 내가 선배한테 홀딱 반한 것 아닙니까? 그 시절 당신 말고 누가 감히 사또의 아들에게서 각서 같은 것을 받아둘 생각을 했을까요. 더구나 기생의 딸 주제에 당돌하고 발칙하게시리.

이몽룡이 어떤 사람입니까? 출세를 지향하던 아버지의 외동아들이요, 마마보이였죠. 양반의 수컷 속성만 있었어요. 선배를 찾은 건 춘정의 발로였으니, 춘향이 아니라도 상관없었겠지요. 처음에 몽룡에게 선배는 데리고 놀다가 버려도 좋을 계집일 뿐이었지요. 이런 이몽룡을 평생의 배우자로 택했으니, 몽룡이 선배를 찍은 게 아니라 선배가 몽룡을 택한 겁니다.

"金樽美酒 千人血 玉盤佳肴 萬姓膏(금준미주 천인혈 옥반가효 만성고) 燭淚落時 民淚落 歌聲高處 怨聲高(촉루낙시 민루낙 가성고처 원성고)",

이런 시는 선배를 만나기 전 이몽룡의 의식에서는 절대 안 나오지요. 아니, 몽룡은 가만 있어도 앞길이 훤한데 왜 민생들의 처지를 안타까워합니까? 자신의 출세만 생각하겠지요. 그 시절 양반들이 다 그랬지 않아요? 이 시는 당신과의 사랑을 통해서 얻은 의식의 깨어남이요, 정신 성숙의 결과물이지요. 여자의 의식을 막아 놓았던 시절이라 연애소설로 격하되었지, 사랑이 사회개혁까지로 발전할 가능성을 보여준 작품이에요.

여자의 정절은 목숨보다 우선이다. 이런 성리학 사상에 젖은 남자가 쓴 소설이, 요렇게 유교의 인습에 대고 인간해방과 페미니즘을 외치는 결과가 될 줄은 아마 작가도 몰랐을 테지요? 의식이 깨인 작자가 후환을 짐작하고 무명작으로 남겼을 겁니다.

자신의 소신과 양심에 목숨 거는 일이 위험이라는 모두 알지요. 평소에 의기투합하다가도 잇속이 달라지면 돌아서는 인간의 심리야 그 적에나 지금이나 같지요. 경국대전을 읽었

다고 곤장 맞으며

"대비속신(代婢贖身)한 자에게 수청을 요구하는 것은 불법이다"

하고 사또를 꾸짖으며 제 권리를 주장한 사람은 당신뿐이었죠. 선배는 인습에 끌려다니던 인간의 나약함에 확실한 방향타를 쳤습니다.

선배, 당신은 여성 투사입니다. 몽룡이 거지 모습으로 돌아왔을 때 보였던 일편단심은 자존감이었죠. 지식이 풍부해도 지혜가 무지한 남자를 일깨우고, 멍에 진 여자도 왕후 아닌 여왕으로 격상할 수 있다는 것을 주장한 행동이었죠.

오늘도 삼종지도는 유효합니다. 아직도 우리들은 인습에 얽매어 거년스럽게 삽니다. 여성 상위시대라고 아무리 떠들어대도 남존여비의 견고한 틀은 요지부동이에요. 국무위원을 비롯해 중요한 자리에는 맛보기로 소수의 여자만 앉혀 놓죠. 회사의 책임 자리도 그렇구요. 오십대 남자와 삼십대 여자의 재혼은 더러 있어도 오십대 여자와 삼십대 남자의 재혼은 없어요. 법이 아니라 인습이 막아요. 253년 전이나 지금이나 남녀 차별은 요지부동, 단지 조금 느슨해졌달 뿐이죠. 다만 선배가 있어 동서남북으로 달리는 서러운 마음을 달랩니다. 아직도 거년스럽게 살아내는 여인들은 보석 같은 선배의 사상을 부럽게 흘겨볼 뿐입니다. 선배는 진정 앞장선 선한 페미니스트입니다.

지금 선배는 신분도, 성별도 완전 평등한 천국에 살지요? 부디 알콩달콩 사시오.

　　　　　　　2006년 9월, 253년 後의 후배 올림

＊후기; 춘향 사당을 다녀온 날, 밤중에 잠이 깼다. 기껏 "첩년" 소리 듣자고 모진 매를 견디어 낸 춘향이 미련했다. 허나 253년 후에 태어난 나는 조금 더 미련했다. 의미마저 퇴색해버린 조강지처에 홀려 산 일이. 두 세기 반이 흘렀건만 절대로 변하지 않는 인습과 어릿광대 삶에 진저리치며 춘향에게 편지를 썼다가 찢고 다시 써 봤다.

새콤달콤한 가을

5주 만에 퇴원하는 길이다. 병원 간판을 흘겨보고 숨을 크게 한 번 들이마셨다. 병실 공기는 늘 후덥지근했었다. 정신마저 혼미하게 달아올랐었다. 한데 오랜만에 마셔보는 바깥 공기는 달다. 신경을 서늘하게 식혀준다. 얼음이 서걱거리는 수정과를 들이켤 때처럼 매콤한 맛이 감춰진 시원한 맛이다.

횡단보도 앞이다. 파란불이 켜졌다. 보조기를 허청거리며 횡단보도를 반쯤 건넜는데 빨간불이 켜졌다. 동시에 정수리 위로 무언가가 휘익 스쳐 지나갔다. 거센 브러시로 머리카락을 거꾸로 빗는 느낌이었다.

빨간불이 켜지고 한참 지나서야 겨우 건너편 도로에 올라섰다. 생각을 굴려봐도 내 머리를 흩어놓고 지나간 것이 무엇인지 가늠조차 할 수 없다. 다시 파란불이 켜졌다. 횡단보도로 다시 내려섰다. 일껏 힘들게 건너온 건널목을 다시 지싯지싯 건너기 시작했다. 중간 지점에서 휘둘러보았지만 아무것도 찾지 못했다. 건너편 인도에 올라 가로수에 기대어 또 생각해보았다. 수런대던 잡념들이 찔끔 움츠렸다. 도대체 이 느낌의 정체는 무엇이지?

오래 서 있지 못하는 몸이 하릴없이 다시 건너오는 길이었다. 이번에는 '환자가 건너간다. 바쁜 자동차야, 좀 기다려다오'라는 배짱으로 느긋하게 걸었다.

'늦가을에 우수수 떨어지는 갈참나무 이파리가 지르는 소리 같았는데… 머리칼을 헤집어 놓고 달아난 게 무엇이지?'

7월 8일, 이슬비가 내렸다. 작은 손수레에 재활용 쓰레기를 싣고 재활용분리수거 장소로 가다가 비에 젖은 보도블록에 미끄러졌다. 털썩 주저앉았다. 삼십 분이나 비를 맞으며 그대로 앉아 있었다. 이웃의 도움으로 집에 들어와서 통증으로 몸부림치며 밤을 지새우고 가까운 정형외과로 기어(?)갔다. 엑스레이를 찍고 이차 병원으로 옮겨 MRI를 찍었다. 판독 결과는 경추1번 함몰에 반골에 금이 갔단다.

"두 군데를 다치면 한 군데는 꼭 수술해야 하는데 어머니는 넘어지는 기술이 학위감이야."

의사는 농담을 하며 접착제를 주사하고 보조기를 착용하고, 칼슘을 복용해보자 했다. 한데 2주 후에는 시술을 해야 한단다. 삼차 병원으로 옮겨 시술을 받았다. 부분마취라 의식은 뚜렷해 시술 상황이 고스란히 들렸다. 나를 엎어 놓고 망치와 전기드릴로 '드르륵 드르륵' 등뼈에 구멍을 뚫는 모양이다. 기포가 잦아지도록 발로 수술대를 차며 액체를 채워 넣는다.

'내 몸이 아파트공사판이야! 시멘트 반죽(?)을 부어?'

실제로 이 액체는 시간이 지나면 시멘트처럼 굳어 버려 의사들끼리 이 시술을 '콘크리트 친다'고 농담한단다. 부분마취를 했어도 통증이 대단했다. 간호사의 손을 으스러져라 붙잡고 비명을 질렀다. 의사는 망치를 든 채 앞쪽으로 와서 내 얼굴을 보더니 난감한 표정으로

"진통제 한방 더!"

하고 소리쳤다. 삼십 분이면 끝나는 간단한 시술이라더니 한 시간 이십 분만에 끝났다.

"다른 사람은 진통제 한 방 맞고 견디는데 두 방이나 맞았어요. 진통 효과가 빨리 떨어지는 건 평소에 커피를 많이 마셨다는 말인데…"

라며, 전혀 아프지 않다는 시술 전 말을 뒤집어 변명했다.

항생제에 소변줄까지 달고 누운 병상생활은 몸도 마음도 불편했다. 양치질하기, 환자복 갈아입기도 다 간병인 도움이 필요했다. 몸의 부자유는 생각의 부자유를 만들더니 수치심까지 드디어 무디어졌다. 이게 만물의 영장이라는 사람의 모습인가 싶어졌다. 스티븐 호킹 박사나 헬렌 켈러를 존경하는 마음에서 '육신의 부자유는 머리를 더욱 자유롭게 하고 특정 분야에서 남다른 재능을 발휘하게…'라던 생각이 얼마나 시고도 떫은 개똥철학이었던고. 육신의 불편은 짜증만 늘고 결국은 정신을 황폐하게 만드는 지름길이라는 걸 깨달아 갔다.

피곤했던 내 젊은 날을 알던 조카가 문병 와서 덕담(?)을 했다.

"드디어 편안해지셨네. 넘어진 김에 쉬어 가드라고, 누운 김에 아주 편안하게 쉬세요."

"괘씸한…, 이게 편안해 보여? 그럼 얼마나 편안한지 내 대신 네가 여기 누워서 환자가 되어 볼래?"

머리를 쥐어박고 싶었다.

장마철이다. 매일 비가 왔다. 손바닥만한 창문으로 벽제천 둑 위까지 넘실대는 흙탕물을 바라보며 날짜를 잊기로 했다. 일 년에 한 번뿐인 생일도 잊고 지나갔다.

역류성 식도염이 시작되었고, 사래도 자주 들리고, 재채기도 수시로 터졌다. 모든 음식이 썼다. 반쯤 수면 주위에서 쉬던 의식은 늘 연옥 주변을 맴돌다 되돌아오곤 했다. 생각도 감각도 무디어지는 연습을 부지런히 했다. 이겨내야지.

아파트 정문이 2백 미터도 안 남았는데 근처 마트에서 내놓은 의자에 털썩 주저앉았다. 하늘을 올려다보았다. 여전히 저녁 굶은 고양이상이다. 가로수 은행나무에는 아직 푸른 열매들이 포도 알같이 다그닥다그닥 붙어 있다. 굵은 둥치에 달랑 붙은 한 놈은 벙실대고 가지 끝에 델라웨어 송이처럼 매달린 녀석들은 잎사귀 틈새 햇빛을 다투었다.

"비켜 비켜, 숨 막혀 죽겠다."

"너만 좁아? 나도 좁다, 네가 좀 비켜."

"느네들은 얼굴 반쪽은 내놓았잖아. 나 한쪽 눈만이라도 뜨자."

열매들은 푸른 잎사귀를 비집고, 기를 쓰고 옆의 녀석을 밀어내고 있었다. 치열한 삶의 투쟁이다, 볼썽사납다. 한데 그 다툼이 귀엽다.

다치지 않고 멀쩡했던 날은 내 몸을 내 마음대로 쓰면서 당당했었다. 이건 원래 내 것이니까. 한데 지금, 어깨에서 엉덩이까지 덮는 플라스틱 보조기를 입고 지싯지싯 걷는다. 한데 감사하다. 넘어지고 나서야 넘어지기 전의 평안을 기억하는 어리석은 동물이 인간이라던가. 일어서는 법을 가르치느라 인간의 등을 쳐 넘어뜨린다는 잔인한 신에게 머리를 숙이고 싶다.

봄은 북과 꽹과리를 두드리며 왔다. 대지를 데우는 따뜻한 봄 기온은 나무도, 풀도 나도 좋아했다. 발밑으로부터 올라오는 따뜻한 기운이 별것 아닌 일상사를 즐겁게 했다. 작은 풀꽃을 보아도 가슴이 울렁댔다. 연달래, 중달래, 진달래가 피면 세상이 온통 분홍 일색이었다. 대기의 온도가 올라가면 내 체온도 오르고 마음은 설렁설렁 가슴도 들까불들까불했다.

하지만 가을은 사각거리는 얼음 밟는 소리로 왔다. 씀바귀 나물처럼 삽상하게 왔다. 가을살이는 폐병 환자의 가슴앓이처럼 시작되었다. 보이는 풍경 모두가 황량하다. 추수 끝난 빈들에 서면 가슴이 마냥 허허로웠다. 정체도 모를 서러움에 눈가가 스멀스멀해지곤 했다. 가을이란 70대 노파처럼 쓸쓸함을 견뎌내야 하는 계절.

한데 벌써 8월 말, 가을 초입이다. 생각을 굴려보니 내 머리를 헝클어놓고 내뺀 것은 하늬바람 줄기였다. 차들이 쌩쌩 달리는 차도 가운데로 가을 전령이 오고 있었다. 숨탄 것 모두에게, 환자에게도 어김없이 찾아왔다, 내게도 찾아온 가을이다.

봄도 아닌 가을이 이리 넘실대는 환희로 올 수도 있다니. 가을도 봄만큼이나 새콤달콤하다니, 봄만큼 화려할 수 있다니…. 시큰둥하게 혀를 빼어물던 가을 맛이 봄맛 같다. 봄만한 기쁨일 수 있겠다.

2부

달빛이 흘리고 간 소리
새날은 레몬향으로부터
지도에 없는 고장을 찾아서
여의주를 물지 못한 이무기
열이레 달
열여섯 살의 한강
생명의 소리가 넘치는 빈 들판
비슷한 환경, 전혀 다른 생활
눈물로 얼룩진 편지
다섯 점 반

달빛이 흘리고 간 소리

끊어질 듯 이어지는 작은 소리에 잠이 깼다. 아파트 벽에 부딪히는 바람소린가, 거실 화초들의 수런거림인가? 남쪽 창문을 활짝 열었다. 별 하나 없는 새벽 3시의 허공은 그냥 검다. 신경을 건드리던 맞은편 교회 꼭대기의 네온도 꺼져 있다. 전기스탠드와 책 틈서리와 볼펜 꼭지까지 새카만 적막이 붙어 있다. 내게는 미열이 있었다.

시간을 낭비한 날이나 입장료가 아까운 생각이 드는 영화를 본 날, 또는 미진한 감정이 남은 날 밤에는 작은 소리에도 잠이 깬다. 교양 있는 소리만 들어서일까. 날것의 자연소리가 듣고 싶은 날도 내이(內耳)의 뇌 전도율에 커튼이 내려졌다. 늘 그랬다.

낮에는 보청기를 써도 들어야 할 소리들의 반은 놓친다. 젊은 여자들, 특히 정확한 발음을 해야 하는 아나운서들도 마침표를 무시하고 두 문장을 붙여 발음한다. 빠르게 주워섬기다 어미만 길게 강조하는 '~다, ~다'가 들린다. 마이크를 통과한 강의 사운드는 야속하게 주어와 목적어를 생략한다. 메모하려던 볼펜 쥔 손목이 나른해진다. 치료 방법도 없단다. 건강 상태에 따라 매번 다르게 연출하는 청각의 능력에 놀랄 뿐이다.

밤에는 보청기를 빼도 작은 소리까지 잡아낸다. 낮에 무디었던 청신경이 밤에 예민해지는 것은 무슨 조화일까. 맑아지는 공기 탓일까, 낮보다 밤에 듣고 싶은 소리가 많아서일까, 아니면 소음을 순화시키고 싶은 청각의 항성(恒性) 때문일까.

어릴 때는 소리에 예민했다. 엷은 잠결에서 부엌의 사기그릇 부딪히는 소리와 콩깍지 타는 리듬을 즐겼다. 햇살 퍼지기 전에 가마솥 뚜껑 사이를 비집고 나오는 김, 아궁이에서 퍼지는 열기, 또는 외양간 소의 콧김으로 처마의 고드름이 쏟아졌다. 중간이 뭉텅 부러지며 댓돌에 부딪히는 차가운 비명은 내가 들어본 소리 중에 가장 맑고 고운 음이었다.

한밤에 잠이 깨었다. 윗목에 요강이 있는데 무엇에 끌리듯 동생이 뚫은 창구멍에 눈을 댔다. 때마침 방 안을 염탐하던 달빛과 시선이 딱 부딪쳤다. 고무신을 신고 울타리 밑에 쪼그리고 앉았다. 사랑채 용마루 한 뼘쯤 위에서 보름달이 흐벅지게 웃고 있었다. 달빛은 안마당을 깔고 부엌문을 두 뼘이나 기어올랐다. 세상의 달빛이란 달빛은 다 내 집 마당으로 모였다. 내를 건너듯 조심조심 달빛을 밟고 툇마루에 걸터앉았다. 가장 고요하고, 가장 부드럽고, 가장 아늑한 소리에 취했다. 두레박이 기우뚱대며 우물물을 흘리는 소리였다, 달빛이 흘리는 소리는.

 달도 나만치 심심했나 보다. 때로 가만가만 완자문을 흔들어 나를 깨웠다. 마루 끝에 나앉으면 봉당의 강아지 꼬리를 살랑살랑 흔들었다. 오동잎을 간지럼 태우고, 구름 속을 들며나며 곳간 앞에 세워둔 멍석을 귀신으로 둔갑시키며 내 가슴을 졸였다. 달빛은 정지한 듯 고요히 움직이는 우물물 소리였다.

 그 해에 동리에 홍역이 돌았다. 내 몸도 열꽃을 피웠다. 천장의 당초 문이 인절미를 나눌 때처럼 주우욱 늘어나고, 다락문의 모란무늬도, 마루로 통하는 미닫이의 완자문양도 출렁거렸다. 앞뒤를 잘라버린 가운데 토막 같은 동굴이었다. 손톱이 피멍 들도록 벽을 긁었다. 저승사자의 발자욱 소리가 들렸다. 한데 다급히 부르는 다른 소리가 더 크게 들렸다.

 "꼬맹아, 꼬맹아!"

 아버지가 불러주시던 애칭이다. 소리를 따라 입구라고 짐작되는 쪽으로 기어갔다. 놀라웠다. 육간대청에 천상의 것인가 싶은 춤잔치가 열렸다. 백자같이 흰 얼굴, 흰 고깔과 흰 자루를 뒤집어쓴 내 또래의 동자들 수십 명이 춤을 추고 있었다. 한삼 자락이 넘실댔다.

 "얼~싸, 절~싸!"

 한 동자가 왼쪽 다리를 들면 마주 선 동자가 오른쪽 다리로 받았다. 얼싸안고 왼쪽으로 돌고, 뒤주 위의 모란 문양 항아리를 한 개씩 안고 오른쪽으로 돌았다. 마루청이 쾅쾅 울리고 건넌방 문 앞에 세워둔 돗자리도 겅중거리다 쓰러졌다. 놀란 분합문도 입을 한 아름이나 벌렸다.

"쉬이~."

가슴에 가느다란 소리를 켜놓았다. 몸을 파르르 떨었던 것 같다. 동자들의 몸이 점점 작아졌다. 강아지만큼, 병아리만큼, 청개구리만큼 작아지며 춤도 노랫소리도 잦아들었다. 스무 번쯤 눈을 깜박였던 것 같다. 흰 비단 피륙이 대청에 활짝 펼쳐졌다. 동자들은 비단폭의 누에고치처럼 생긴 타원형 무늬 안에 하나씩 들어가 번데기처럼 엎드렸다. 달빛은 명주 자락 끌어당기는 잔잔한 파장으로 일렁였다.

약 한 첩 쓰지 않고 자리를 털고 일어났다. 저승까지 쫓아온다는 홍역을 치르고서 비로소 사람이 되었다. 내가 정신을 차린 밤에 남동생 셋이 누웠고, 내가 업어주던 돌쟁이 동생은 끝내 열꽃을 피우지 못했다. 한참 거리 떨어진 동네의 대여섯 살짜리, 아홉 살짜리들이 거적에 싸여 나갔다.

이름이 불리면 난롯가에 선 세 살짜리 아이처럼 움찔한다. 칠십 년 동안 거친 음과 제지하는 소리들을 너무 많이 들었나 보다. 보청기는 들어야 할 소리와 듣지 말아야 할 소음을 비슷한 데시벨로 조합해 들려준다. 공기의 움직임, 거친 파도 소리, 바람에 나뭇잎 뒤집는 소리, 뱃고동 소리, 때로는 앉을 곳을 찾지 못한 새의 날갯짓 소리도 들린다. 청신경은 쉬지 않고 날아오는 소리들에 피곤하다. 피곤하다고 아우성친다.

달빛이 홀리고 간 소리 71

해서 보청기를 사용한다. 소음 안에서라도 꼭 들어야 할 소리를 잡아내야 하기 때문이다. 보청기를 꺼주면 청신경은 편하단다. 그러나 들어야 할 소리도 침묵한다. 갑자기 무인도에 떨어진 적막에 휩싸인다.

때로는 보청기 없이 달빛이 흘리고 간 소리를 줍는다. 다행히 소리들을 걸러내는 보이지 않는 귀걸이 덕분이다. 심성의 감응으로 살아 있다는 기쁨을 맛본다.

"꼬매앵아!"

생명을 확인시키는 소리다, 아버지의 부름이다. 팔다리에 힘이 솟는다. 시끄러운 소음이 내게는 낭만이기도 하다, 아주 가끔은.

〈『에세이문학』 등단작〉

새날은 레몬향으로부터

　기억이란 인간만이 누리는 호사다. 쥐가 고양이에게 쫓겨 쥐구멍으로 쏙 들어갔다. 단기 기억장애가 있는 쥐가 '내가 왜 이리 바쁘게 들어왔지?' 부리나케 다시 나오다가 구멍 앞에서 쥐의 습성을 알고 기다리던 고양이에게 잡혀먹힌다. 해서 건망증이 심한 사람보고 '쥐정신'이라고 놀린다. 촌충에 걸린 쥐는 일부러 잡혀 먹히려 고양이에게 다가간단다. 내 시간들은, 쥐정신이었거나 촌충에 걸린 쥐의 행동이었다.
　인간의 기억이란 슬프고도 화려한 정신의 놀이감이다. 기억이 난다. 자궁 안에서 양수에 떠돌던 기억은 더 이상 무엇이 대신할 수 없는 행복이다. 노력하지 않아도 필요한 모든 것이 해결되었던 신생아 시절도 지낼 만했다. 하지만 자랄수록, 세상을 알아갈수록 안 좋은 기억이 훨씬 더 많다. 그러나 지내놓고 보면 그마저도 그리운 기억으로 변한다.
　"지나간 것은 모두 그리운 것이다"
　라고 푸시킨이 말했던가?

잠이 깼다. 새벽 3시다. 새큼달큼한 향이 코끝에 매달렸다. 누군가가 모든 생명이 잠든 틈에 꿀과 레몬즙, 2배 식초를 합해 공중에 분사하고 있다. 사람들이 모두 잠자고 있는 시간에 살그머니. 향기의 밀도(密度)는 줄기에 매달린 포도알처럼 몽글몽글 익어 간다. 시커멓던 어둠은 푸른 빛을 띠기 시작한다.

사람들은, 시계는 밤 열두 시가 하루의 끝, 새날의 시작이라지만, 오관(五官)으로 오는 새 날의 시작은 새벽 3시다. 잠든 뇌는 알파파와 세타파의 중간쯤 4~10헤르츠 사이를 오락가락하다가 새벽 3시쯤부터 눈동자가 빠르게 움직인다. 잠든 정신은 꿈과 현실 사이를 오락가락하며 물에 뜬 가랑잎처럼 파도에 떴다 잠겼다 한다. 검은 혼동을 헤치고 나오는 오전 3시의 향수를 품은 공기가 나는 더없이 좋다.

잠자리 치장이 외출복 치장 수준을 넘는다. 흔히 '의(衣), 식(食), 주(住)'라고 말하지만 나는 주, 의, 식이라 말하고 싶다. 그 중에 잠을 준비하는 과정이 1순위이다. 혼수(婚需)로 장만했던 양단 요를, 전기매트로 바꿨다가 '장수돌침대'로 바꿨다. 공단 이불도 혼방 캐시미론을 거쳐 여름엔 까슬까슬한 풍기인견과 모시, 봄가을엔 맨살에 착 휘감기는 맛을 주는 꽃무늬 명주로, 겨울엔 프랑스산 양모(羊毛)로 바꿨다. 베개도 메밀껍질에서, 복숭아씨, 춘천 옥돌, 라벤더 향을 첨가한 기능성 베개 등을 골고루 갖추어 놓았다.

이 모두가 숙면(熟眠)보다는 가수면(假睡眠) 상태를 위한 사치다. 옛 여인들도 그랬다. 베갯모와 이불깃을 수(繡)로 치장하는 것도, 이불 호청을 버석거리게 다듬이질하는 것도, 무의식의 통잠을 위한 것이 아니라 숙면의 초입을 치장하는 일이다. 잠이라는 동굴로 들어가는 짧은 헛잠, 꾀잠의 틈새에 남편과 나누었던 가수면의 낭만을 재생시키기 위한 것들이다.

아직은 어둠이 몸을 휘감고 있다. 손을 펼쳐 쥐어 봐도 어둠은 만져지지 않는다. 눈을 크게 떠도 사물은 보이지 않는다. 눈을 감는다. 아, 보인다. 엊그제 친구와 커피 마시며 나누던 세태 이야기, 딸의 장래를 위한 축복의 말, 육십 년 전의 고향 집 뒤꼍의 키재기하던 앵두나무도 보인다. 전생의 아팠던 과오도 보인다, 미래의 연옥에서는 일면식도 없던 남자와 낄낄거린다. 기억은 요술쟁이 영사기다. 과거와 미래를 두서없이 돌린다.

나는 바닷가를 초조하게 서성거렸다. 코와 입으로 짭쪼름한 공기가 들어온다. 막무가내로 살갗을 비집고 들어오는 찬 바람에 오소소 소름이 돋는다. 수평선을 넘어오는 쪽배를 타고 바다 한가운데서 큰 배로 옮겨 탔다. 태평양을 지나고 남극을 지났다. 사방에 시퍼런 물의 출렁거림만 있다. 몇 날 며칠을 파도에 흘러가다 겨우 육지에 닿았다. 지구와 다른 위성이란다. 콜럼버스가 인도를 발견했을 때만치나 땅이 반갑다.

지구보다 몇백 배나 큰 위성이라는데 자동차가 없다. 코앞을 막아서는 빌딩도 없다. 쓰레기도 없다. 어깨를 부딪치는 사람도 없다. 숲속에 아리잠직한 선(善)의 요정들이 왈츠를

추고 있다. 요정들과 어울려 춤을 춘다. 내 드레스 끝자락에도 보석 같은 별이 다닥다닥 붙는다.

천체물리학자들은 220억 년 뒤 우주가 산산조각날 것이라 예언 했다. 그 우주에 도착했다. 조물주가 지구를 거대한 지렛대로 누르고 있어 지구의 생명들은 땅에서 떨어지지 않고 살아 있다.

퍼뜩 정신이 든다. 내 땅, 내가 태어난 땅, 지구로 돌아가고 싶다. 발을 동동 구른다. 안달복달하다 긴 시간 파도에 휩쓸려다니다 겨우 지구로 돌아왔다. 전생에서 이승으로 환생한 기분이다. 외계에 반 식경쯤 머문 줄 알았는데 그새 지구는 5천 년이 흘러갔단다.

돌아온 지구에는 로봇들이 부산하다. 로봇들은 직각으로 걷고, 눕지도 않고 직각으로 앉고, 억양까지 경상도 사투리처럼 각(角)이 졌다. 원을 정사각형으로 그렸다. 모든 식사는 알약으로 먹는다. 오직 열중하는 건 일렬로 줄서기다. 먹을 때도, 일할 때도 일렬로, 일터나 화장실 갈 때도 일렬로 줄 서서 갔다가 줄서서 돌아온다. 한 로봇의 발이 삐끗하자 뒤의 놈도 쓰러진다. 삼백 번째 놈까지 차곡차곡 엎어진다. 도무지 도미노현상 뿐인 세상으로 변했다.

누군가가 나도 로봇으로 만들기로 작정했나 보다. 그러나 다리를 만져보니 아직 내 육체는 고체가 아니다. 고체와 액체의 중간쯤의 말랑말랑한 지우개 같다. 나는 직선으로 굳어져 가는 몸에서 곡선 사유를 끄집어내려 끙끙거린다.

배 안에 뭉쳤던 피로 덩어리가 열 개의 손가락과 열 개의 발가락의 실핏줄을 타고 빠져나간다. 의식 등불이 켜졌다 꺼졌다, 꺼졌다 켜졌다 한다. 잉걸불같이 여윈잠이 는개처럼 흩어진다.

나는 코 큰 이브의 후손도, 곰의 후손도 아니다. 혹 개울 바닥에 사는 재생력 강하고 암수 한몸인 플라나리아가 내 조상은 아닐까?

창밖이 희붐하다, 창밖에서 어슬렁거리던 야광귀신도 돌아갔다. 이제 완전한 인간의 시간, 내 시간이다. 달디단 공기가 피부를 감싸안는다.

사지를 돌고 있는 피의 짜릿한 율동이 지각된다. 명징한 의식이 온다. 몸 안 60억 조 세포가 활동을 시작하는 생생한 이 느낌. 느낌은 때로 과학보다 몇십만 배 더 적확하다. 내가 5억 년 전의 원숭이나 5천 년 후에 로봇이었다면⋯ 그 느낌도, 기억도 없을 육신을 어쩔 뻔했나.

새벽 3시에는 하늘의 천사가 내려와 분무기로 레몬향 알코올을 분사한다. 지금 나는 새벽의 레몬향에 흠뻑 취하고 있다. 오늘 조간신문의 운수 란에는 '돌이 발아래로 굴러오며 옥으로 변한다'라 쓰여 있을 것 같다. 물론 아니어도 좋다. 다만 레몬향에 취할 수 있는 지금 이 시각이 내게 최고의 행운의 시각이다. 내일도 모레도 새벽 3시는 올 것이다. 나는 또 새벽 레몬향에 이리 짜릿한 환희를 맛볼 것이다. 나는 인간으로 태어나길 참 잘했다. 나는 행운아다.

지도에 없는 고장을 찾아서

순흥에 다녀왔다. 순흥은 장날이 아니라도 사방 백리 사람들이 모여 버글버글했던 큰 도시였다. 그 땅, 옛날부터 그 자리에 있었던 흙에 옛 영화의 자취가 조금은 남아 있을 것 같아서 길을 나섰다.

그러나 천년의 풍류와 문화를 꽃피웠던 순흥은 없어졌다. 신라 때부터 조선 초까지 '大順安'이란 이름으로 천 년 동안 찬란한 문화를 자랑하던 고장이었는데…. 順興 安氏의 본향이고 주자학을 처음 들여온 安珦을 비롯해 安世甲, 安鑽 등 학자들의 본관이다. 『關東別曲』『竹溪別曲』을 쓴 安軸의 관향이다.

소수서원에 그리 보고 싶었던 『謹齋集』이 펼쳐 있었다. 서너 줄에 한 번씩 '京幾荷如'의 글자가 반짝반짝 손을 흔들며 이름 없는 문객을 반겼다. 고려 중기부터 조선 초까지 신흥사대부들이 즐겨 짓던 경기체가의 마지막 작품. 향리의 집에서 태어난 安軸은 고려와 원에서 벼슬했던 한량으로 순흥의 경치, 기생들과 즐기던 태평성대를 경기체가로 읊어냈다.

「請다리」의 아름다운 전설을 읽었을 때부터 그 땅의 매력에 끌렸었다. 고을 한가운데를 흐르는 개천 서쪽에 홀로 된 여인이 살고 있었다. 오로지 외아들에게 희망을 두고 살아도 이성이 채워줄 외로움까지 어린 아들이 채워줄 수 없는 일. 그녀는 시주를 청하며 수작을 부리던 뒷산 절의 중을 찾았다. 한겨울 새벽, 건넌방에서 자던 열 살짜리 아들이 소피를 보러 나왔다가 대낮 같은 달빛에 댓돌 위에 벗어 놓은 어미의 짚신이 흠뻑 젖어 있는 것을 매일 보았다. 이상하게 생각한 아들이 어미의 뒤를 밟았다. 새벽녘에 절 쪽에서 비틀거리며 내려온 어미가 살얼음 낀 찬물을 첨벙첨벙 건너오는 것을 보고 다음날 제 힘에 맞는 돌을 들어다가 어설픈 징검다리를 놓았다. 후에 동리 사람들이 아들의 이야기를 듣고 안쓰러운 마음에 섶다리를 놓았다. 더 시간이 흐른 후에 관에 請해서 새 다리를 놓고 '請다리' '효자다리'라는 이름을 붙였단다.

순흥 사람들은 옛사람답게 인간의 본성에 충실했다. 그들은 본성으로 생활이 윤택해지고 일상의 문화도 꽃핀다고 믿었다. 신라의 각종 탑과, 화려한 금팔찌와 금귀고리, 천년의 문화를 꽃피울 수 있었던 것도 인간의 본성의 결과이리라. 법률과 도덕을 지킨다는 것, 다시 말해 본성을 막는 행위는 문화의 발전까지도 막는 길이다.

본능과 도덕 사이에서 오는 갈등이 인간을 성숙시키고 그것의 탐구가 발전이라며 불륜에 알레르기를 일으키지 않아도 좋다. 신라의 토우가 그것을 말해 준다. 박물관에는 타작하는 모양, 남녀가 포옹하는 장면, 아기 낳는 모습 외에 성행위도 거침없이 표현했다. 자신의 키보다 큰 성기를 치켜들고 여자에게 돌진하는 남자 토우의 희희락락한 표정, 그것을 보는 여자 토우의 표정은 지상 최고 환락의 표출이다.

어린 아들이 그것까지는 몰랐어도 본능과 도덕 사이에서 갈등했을 어미에게 징검다리를 놓아주는 의젓함, 이웃이 관청에 부탁해 새 다리를 놓은 대목은 얼마나 아름다운 전설인가?

드디어 청다리 앞에 섰다. 시멘트 포장에 자동차가 씽씽 달린다. 아무리 찾아보아도 이런 전설을 안내하는 표지판조차 없다. '청다리'라고 한글로 조악하게 쓰여 있으니 '請다리'인지 '靑다리'인지도 모르겠다.

이 다리 아래에 아기를 낳았지만 기르지 못할 사정이 있는 여자들이 갖다 버리고, 아기 못 낳는 여인이 주워다 기르기도 했단다. 다리 밑에서 주워 기른 아이가 얼마나 많았기에 천 년 뒤 경기도에서 태어난 나도 툭하면 삼촌에게서

"너는 청다리 밑에서 주워 왔다, 엊그제 영주에 갔다가 네 엄마를 만났는데 너 보고 싶단다, 데려다주랴?"

했었다. 거짓말도 세 번 들으면 진실로 둔갑한단다. 어쩐지 그 다리가 무심히 보아지지 않는다. 나는 정말 저 다리 아래서 주워 왔을까? 혹 날 버린 여인의 혼이 이 근처에서 어정거

리지는 않을까, 다리 위를 왔다 갔다 해봤다. 다리 아래 냇물은 나는 모르는 일이라고 시침 떼며 흘렀다.

 화려한 문화를 꽃피우던 순흥이 이름마저 잃은 것은 금성대군의 단종복위운동 때문이었다. 사육신의 '단종복위운동'이 실패한 뒤 순흥에 위리안치 되었던 금성대군이 다시 단종복위를 꾀했었다. 순흥부사 李甫欽이 합세했다. 이보흠의 하인과 금성대군의 시녀가 눈이 맞았다. 관가에 고발해서 노비 신세를 벗고 양민으로 살아보고자 '거사계획서'를 훔쳐냈다. 출세를 노리던 다른 종들이 쫓아가 그들을 죽이고 문서를 빼앗았다. 이보흠이 역모가 탈로 날 것이 두려워 자신의 종을 동원해 쫓아가 문서를 뺏고 자백했다. 이 사건으로 단종과 금성대군은 죽었지만, 이보흠은 살아났다.

 "금성대군 李瑜의 무리를 엄히 벌하시어 일벌백계로 삼으소서. 모두 참수하시고 순흥 땅은 모두 이웃 풍기군으로 부치어 후세 사람들이 순흥이란 이름을 입에 담지도 못하게 하소서."

 양녕대군은 도덕심이 없고 오만해서 세자 자리를 빼앗겼다. 그리곤 자기 대신 왕위에 오른 성군 세종대왕을 시샘했다. 세종의 자손들을 모조리 죽여 씨를 말리려 했다. 안평대군과 단종, 금성대군까지 모두 죽여야 한다고 중신들을 끌고 가서 세조에게 세 번이나 청했다. 마을에 살았던 애먼 사람들까지 동조했다고 사살해 강에 버렸다. 請다리 밑으로 싯뻘건 핏물이 흘러내렸단다. 핏물이 멈춘 곳은 20리 떨어진 '피끝

마을'이다. 순흥은 풍기읍으로 편입되었고, 지도에서도 사라졌다.

 부석사에는 휴가철을 맞은 사람들이 바글거렸다. 이 중에 순흥의 흘러간 옛 영화를 기억하는 사람은 몇이나 될까? 옆집에 초상이 나도 모르는 우리가, 앞집 뒷집의 제삿날 잔칫날 생일을 모두 내 일처럼 함께 치르던 그 시절 사람들보다는 행복한가?

 시간이 흘러간다고, 문명이 발달한다고 인간의 품성까지 같은 속도로 발달하는 것은 아니다. 한밤중 아들도 몰래 땡땡이중을 찾아야 했던 여인이 조선시대였다면 조리돌림을 당했을 것이다. 21세기 오늘을 사는 여인이라도 죄의식에 괴로워할 것이다. 그러나 원초적 외로움을 감싸주던 심성과 풍류객들의 낙원이었던 순흥 사람들은 청상과부를 포용했다. 인간의 본성을 도덕보다 중요하게 여겼기에.

 내게 없는 것을 해바라기하는 것이 인간의 속성이다. 정신적 풍요는 물질 풍요보다 우선순위다. 불륜을 두둔하려는 것은 아니다. 물질 풍요는 자칫 정신의 결핍을 당겨오게 마련이다. 국민소득 3만 불의 우리가 보릿고개를 힘겹게 넘던 옛사람보다 인성이 훨씬 거칠어진 현실이 그걸 증명한다.

 빈곤했어도 정신이 풍요로웠던 옛날이 그리워질 때가 있다. 빈민촌에 개척교회가 많다는 것은 그만치 거친 세상 살아낼 정신력이 필요하다는 뜻이다. 도덕과 법이 날로 강력해진다는 것은 그만큼 타락한 인간이 많아졌다는 증거다.

때로 탈 문명시대를 살았던 순흥 사람을 만나고 싶었다. 그들이 풀썩풀썩 풍기던 인간 본성의 냄새로 목욕하고 싶었다. 이번 여행은 많은 생각을 이끌어내는 정신건강 여행이었다.

여의주를 물지 못한 이무기

2016년 12월 23일, 조선일보의 운수(運數) 란을 보다가 질 겁을 했다. '41년생, 청룡(靑龍)이 여의주(如意珠)를 물었다' 고 쓰여 있다. 내게 이런 운수가 있다니. 사주나 토정비결 등을 믿지는 않는다. 모처럼 '돌이 발 앞으로 굴러오며 옥이 된다'라는 운수를 보았어도 콧방귀를 뀌었다. 그날이 그날이고 그날이 그날인 생활에 만족했다. 탯줄에 불운을 달고 나온 사주팔자니 큰 사고만 없으면 다행이라 여기며 살아왔다.

다만 신문의 운수 란은 읽는 재미가 있다. '좋은 일 하고 뺨 맞는다' 든가 '생각지 않은 손재수가 있다' 등을 읽으면 한 번 더 인내심을 발휘한다. '판단은 정확하게, 행동은 신중하게' 또는 '감정 자제하면 뒤가 편하다' '기회는 노력하는 사람이 잡는다' 등은 몇 번을 읽어도 좋을 금언(金言)이다. 운수, 맞지는 않아도 행동을 조심시키는 생활지침서가 되어 주는 좋은 문구다.

그러나 청룡이 여의주를 물다니 가당치 않다. '청룡이 여의주를 무는 운은 어떨까?' 여의주의 범위를 잡아본다. 십대 말이라면 좋은 대학에 수시합격이겠지. 이십대라면 대기업에 취직, 삼십대라면 좋은 짝을 만날 운, 사십대라면 직장에서의 승진, 오십대라면 자식들에게 좋은 배필 맺어주는 일, 육십대라면 과오(過誤)없이 정년퇴직하고 손자들과 즐기는 일일 것이다. 그러나 그도 저도 다 지나버린 세월, 어디에도 내게 해당 사항은 없다.

아니, 복권에 당첨된다, 길 가다 돈뭉치를 줍는다― 사례금은 사양하다 받아?― 한데 아랫돌 뽑아 윗자리에 박는 사람, 복권 한 장 안 사는 내게 여의주라니? 상상력을 총동원해 봐도 내게 올 여의주가 감감하다. 아니, 있기는 딱 한 가지가 있다. 좋은 영감(靈感)을 얻어 걸작 한 편을 쓰는 행운을 얻는 일이다.

종로5가 대형 약방으로 몇 가지 영양제를 사러 나갔다. 약은 택배로 부탁하고, 점심 한 그릇 사 먹고, 맞은편 광장시장에 들렀다. 큰 시장답게 동네에 없는 신선하고 좋은 물건이 많다. 이것저것 양손 가득 사 들었다. 전철1호선 종로3가에서 내려 3호선으로 바꿔 타야 한다. 대한민국에서 두 번째로 길다는 그 환승 통로에 들어섰다.

신선처럼 흰머리와 흰수염이 풍성한 할아버지가 동전 몇 개 든 모자를 앞에 놓고 계셨다. 할아버지는 한눈에도 절대로 걸인의 얼굴이 아니다. 위엄이 서려 있는 범상치 않게 끼끗한 얼굴이다. '군자 양반이 분명한데 무슨 말 못할 사연이 있으시겠지' 열 발짝쯤 지나서 짐을 내려놓았다. 반짝 머리를 스치는 생각. 이 생경한 광경은 혹 조간의 운수 란과 연관이 있지는 않을까?

좋은 운과 좋은 복은 자기가 짓는다는데. 지갑을 열었다. 적어도 현금 10만 원은 들어 있어야 할 지갑에 카드 넉 장, 만 원짜리 한 장과 동전 예닐곱 개뿐이다. 전통시장 상인들이 현금을 좋아해서 다 써버렸다.

지갑에 돈을 채우는 습관은 일찍 든 버릇이었다. 사회보장제도는 약자에겐 너무 허술하다. 가족도 기댈 처지가 못 된다. 난관을 비껴갈 수단이 푼돈뿐이다. 슬프게도 이 확실함을 일찍 알아버렸다. 주머니 밑천이 때로는 기발한 아이디어를 주기도 했다. 모르는 남자가 끈질기게 쫓아올 때 택시를 잡아 타고 달아날 수 있었던 일도 지갑에 돈이 있었기 때문, 작은 실수로 시비가 붙었을 때도 돈이 해결해주었다. 따라서 내 지갑에 현금은 항상 풍성하다. 그러나 요즈음 카드를 많이 쓰면서 현금 챙기는 일이 허술해졌다.

지하철은 무료다. 버스카드도 있다. 그러나 집에 도착할 한 시간 동안 현금 없이 어찌 견디나? 지금 만원 한 장은 실제 만원짜리 물건보다 몇 배의 잠정가치를 지닌다. 더구나 습관은 무서운 관성을 지녔다. 손전화가 한 시간 손에 없다면 불안에 떠는 요즘 젊은이들처럼 지갑이 비면 몇 분을 못 견뎌 한다. 지갑이 빈 것을 몰랐을 때와는 전혀 다른 갈등이다. 죄송스럽게 내민 동전 몇 개를 할아버지는 공손히 두 손으로 받으셨다. 살짝 스친 손길이 아주 따뜻했다.

공상(空想)에 시달려 날밤을 새웠다. 옛날 이야기까지 혼란스러운 의식을 비집고 들어왔다. 현명한 임금(賢者)이 백성들의 형편을 살피려 평복 차림으로 미행을 하다 거지(편하게 은총만 갈구하는 인간)를 만났다. 임금이 보니 거지는 사지가 멀쩡했다. '왜 노동이라도 해서 밥을 얻을 생각은 안 하지?'

"배고파요, 밥 한 그릇만 사 줍쇼."

"내가 밥을 사주면 그대는 내게 무엇을 주려는가?"

이번에는 거지가 황당했다. '나 참, 치사한 놈, 거지보고 뭘 달래는 놈도 있나?'

욕을 뱉으려다 다시 보니 부잣집 대감 차림새에 하인까지 데리고 다니질 않나. 동냥주머니를 뒤졌다. 강냉이 한 줌이 나왔다. 방금 시장통에서 얻은 것이다. 심심함과 서러움을 씹기에는 이게 딱인데… 망설이다 그중 가장 작은 팥알만한 강냉이 하나를 건넸다. 임금은 옆의 시종에게 명령했다.

"여봐라, 이 사람에게 꼭 이만한 금덩이 한 개를 주어라."

시종이 거지의 동냥주머니만한 주머니를 열어 강냉이와 금덩이를 들었다 놨다 하다 꼭 그만한 금덩이 하나를 주고 가버렸다. 거지는 발을 탕탕 구르며 길바닥에 강냉이를 모두 뿌려버렸다.

"이 강냉이를 다 주었다면 저 금주머니가 통째로 내 것이 되는데…."

걸인은 원시시대부터 현재까지 언제나 존재한다. 아무리 잘사는 세상이 와도, 아무리 잘사는 나라에도 편하게 살려는 인간의 본성이 있는 한 그 직업은 건재한다. 국민소득 10만 달러의 국가에도 있다.

입사시험이나 면접 안 치러도 합격, 나이 먹었다고 정년퇴직하지 않아도 좋다. 윗사람 눈치 안 봐도 되고, 승진에 신경 쓸 필요 없고, 보름만 창피함을 참아내면 누군가가 일자리를 준대도 한마디로 거절한단다.

"아니, 세상에 이보다 더 편한 직업이 또 어디 있다고?"

영감을 갈구하던 나야말로 옛날의 그 동냥치였다. 뜬눈으로 밤을 지내고 다음날 지갑에 30만 원을 채워 다시 그 자리를 찾았다. 만원짜리를 복어회처럼 저며서 석 장으로 쓰고 싶지만, 한 편의 걸작을 건질 좋은 영감을 줄 것 같은 할아버지께 10만 원 정도를 드려도 괜찮겠다는 생각에서였다. 할아버지는 안 계셨다.

풍성한 흰수염과 백발의 그분은 나에게 걸작의 영감을 주려 하강한 하늘의 전령이 틀림없었다. 영감은 좀도둑같이 왔다가 는개처럼 흔적도 없이 사라진다.

내가 잡을 수도 있었던 영감이었다. 칠십 년 넘게 살며 처음 얻은 절호의 기회였는데… 나는 갈비뼈가 부러지라고 가슴을 쳤다.

"미련한 인사. 후회할 짓거리만 좇아다닌다. 네가 하는 짓이 늘 그렇지 뭐."

운수는 청룡이 여의주를 문다고 했다. 여의주를 문다고 일러주었는데도 준비를 하지 못한 나는 이무기일 수밖에. 후회막급이다. 두고두고 애석할 일이다. 다시 한 번 이런 운수가 뜬다면 그때는 그냥 확 안아 들여야지. 그러나 이따위늘 뒷북치기 반성을 해 봤자다.

쓴 입맛을 다신다. 나는 눈앞에 보이는 여의주도 물지 못한 이무기다, 분명 머저리군.

열이레 달

또 딸이 태어났다. 산모는 미역국이 안 넘어가더란다. 아들을 기다리는 어른들의 기대가 무색하게 방정맞게 태어난 아이는 언니가 죽은 뒤라 셋째딸로 승격했다. 하지만 셋째나 넷째나 다를 게 없었다. 나만 보면 할머니는 중얼거리셨다.
"아무짝에도 소용없는 지지배는 왜 생겨났는고? 쯧쯧."
철저한 무관심 속에서 나는 외로움과 나름의 상상력을 즐기며 컸다. 그적에는 어른들만의 세상이었다. 자식은 키우는 게 아니라 낳아 놓으면 제 스스로 알아서 자란다고 믿었었다. 자식을 반타작만 하면 된다던 시절이었다. '어린이헌장' 비슷한 것도 없었다.
그래도 길 나설 때 할머니는 으레 나를 찾으셨다. 언니들은 서울에서 학교에 다녔고, 맏손자는 애지중지하기만 좋은 어린애였다. 순종적이고 잔심부름을 잘하는 손녀딸이 그중 만만하셨던가 보다. 마실 때나, 산뽕잎 따러 멀리 갈 때, 적적한

밤 나들이에 꼭 데리고 다니셨다. 내 존재가 드러날 유일한 기회다.

혼자일 때나 위험할 때는 자신이 보호해야 할 어린애마저 위안이 된다. 무서운 길에 간난이 업고 걸으면 수호신을 업은 심정이 된다. 5남매를 키우신 할머니도 그걸 잘 아셨을 테니 밤길에 어린 동행이 필요하셨을 게다.

일 중독증이신 할머니는 이틀이나 밭일을 놓는 것이 아까우셨나 보다. 점심때까지 밭일을 하시다 다시 세수를 하고 아끼던 삼층장의 비단옷을 꺼내셨다. 검정 명주 겹두루마기도 꺼내셨다. 보따리를 이고 대문을 가리키셨다.

"언년아(어린 여자애를 부르는 애칭), 가자."

내키지는 않았다. 하지만 할머니 명령이다. 마루 끝에 놓인 작은 보따리를 집어들고 할머니를 따라 나섰다. 열이레, 달이 밝을 날이었다.

여장부로 소문이 자자했던 할머니는 키도 남자만큼 크셨지만 성격도 남자 같으셨다. 한데 어린애의 밤길이 무서울 거라는 생각은 못하셨나 보다. 평소처럼 옛날 이야기나, 소싯적 시집살이 하소연 한 자루 있을 법한데…. 열네 살에 시집오셔서 열여섯 살 맏동서와 겨울 냇가에서 맨손으로 빨래하고 들어와 시아버지가

"새애기 빨래하구 왔니? 손 시리겠구나."

하던 그 한마디에 참았던 서러움이 터졌다는 얘기는 또 들어도 괜찮은데…. 어린 손녀는 할머니 뒤에서 자박자박 자갈

길에 떨어지는 제 발소리를 세었다. 보따리를 겨끔내기로 들면서.

늦가을 햇살은 순식간에 얇아진다. 석양 무렵엔 빛의 농도가 두세 단계를 건너뛰겠다는 기세다. 믿기지 않도록 순식간에 해가 사라져버린다. 종일 웅크렸던 땅이 피부를 열었다. 길가 바위 아래서, 수수깡 밑둥에서, 잡초 뿌리를 헤치며 어둠이 올라섰다. 검은색이 번지기 시작한 허공에 땅에서 올라오는 어둠이 만나니 금시 캄캄해진다. 산도, 들도 포플러나무도, 들판에 가득한 벼와 콩 포기들, 기장들도 모두 검정이다. 왼쪽 오른쪽이 온통 검다. 그 갑작스러운 어둠에 조바심이 왔다. 생명들은 모두 잠들거나 죽어가고 있는 듯 괴괴하다. 멀리 졸음을 참고 있는 흐릿한 불빛이 웅달말이려니 짐작되었다.

열이레 달은 밝았다. 아직 통통하게 살이 쪘다. 줄기차게 두 사람의 뒤를 따라왔다. 빙그레 웃고 있다. 할머니 그림자가 우쭐우쭐 내닫는다. 매년 가을 고사에 할머니가 비손하던 대목을 흉내 냈다.

"달님 달님, 언년이 젖니 빠진 거, 아무에게도 들키지 않게 해주세요."

오른쪽엔 포플러가 일렬로 냇가 따라 줄섰고, 왼쪽엔 기장밭이다. 양쪽으로 늘어선 검정들은 긴 담장 같다. 그 사이의 허리띠를 풀어놓은 모양새로 하얀 길이 누웠다. 아스스한 밤공기에 어깨가 움츠러든다.

집채 같은 검은 구름 한 뭉텅이가 우줄우줄 몰려와 달을 가렸다. 선뜻하다. 두어 발짝 앞의 할머니는 어둠에 완전히 묻히고 머리 위 흰 보따리만 허공에 둥실 떴다. 놓치면 안 된다. 허공에 둥둥 떠가는 흰 보따리를 뚫어지게 쳐다본다. 언젠가 밤 변소 길에 보았던 달걀귀신 같다. 할머니 걸음 따라 커졌다 작아졌다 하며 여린 계집애 애를 애태운다.

앞을 쏜살같이 가로질러 달아나는 무엇이 있다. 휘익~. 소름이 쫘악 돋으며 머리칼이 곤두선다. 숨이 콱 멎고 이빨이 딱딱 부딪힌다. 입술이 붙어 '할머니' 소리도 나오지 않았다. 발은 땅에서 한 뼘 뜬 허공에서 강중거린다. 노루, 여우? 아랫도리가 축축해진다.

얼어붙은 발로 기계적인 걸음을 놓는다. 한참만에야 멀리 수수밭 끝머리가 희붐해졌다. 때맞춰 달도 구름을 벗어버린다. 침을 꼴깍 삼키며 보퉁이를 왼쪽 손으로 바꾼다.

개울이다. 고무신과 버선을 벗고 찬 냇물을 건넌다. 물 속에는 많은 별들이 멱을 감고 있다. 재미나 죽겠다는 표정으로 옥시글옥시글 떠든다. 나를 빼놓은 모두가 재미나 죽겠단다. '바지직' 물 속의 별이 내 발에 깨진다.

재당숙네 바깥마당엔 모닥불이 훨훨 타고 있었다. 대문을 들어서자 지짐질하던 부엌 아낙들이 뒤집개를 거꾸로 들고, 함을 구경하던 대청 아낙들은 버선발로, 건넌방의 새색시 사촌들, 술타령하던 사랑의 남자들까지 우르르 뛰쳐나왔다.

"아니 이 늦은 밤에 노마님이 어떻게 오셨대유?"

"밤길에 을매나 고생하셨대유?"

할머니가 대답하셨다.

"열이레 아닌가, 달이 밝아 좋은 밤 나들이였네."

내게는 아무도 아무것도 묻지 않았다. 아무도 아는 척해 주지 않았다.

열이레 달은 날렵한 용마루 끝에 걸터앉아 물색없이 웃는다. 그래도 밤길을 함께 걸어온 달만은 나를 헤아려줄 줄 알았다.

"힘들었지, 밤 나들이가 너무 무서웠지?"

라고. 어린 계집애는 열이레 달을 쳐다보며 가만하게 한숨을 내쉬었다.

"호오"

할머니와 나는 같은 길을, 전혀 다른 길로 걸어왔다.

열여섯 살의 한강

전철이 제1한강철교에 들어섰다. 강은 넓은 비단 폭을 펼쳐 놓은 듯 유장하게 흐른다. 강물은 언제나 같은 속도로 흐르는 것 같지만 아니다. 물소리에 귀를 연다. 전철 쇠바퀴의 울림 때문에 물소리는 들리지 않았다. 윤슬이 반짝이며 햇볕을 되쏘고 있다. 물비늘은 쉬지 않고 뒤집고 뒤집힌다. 천년을 흘러도 변하지 않을 듯이. 그러나 무시로 변하는 걸 본다. 눈으로 듣는 물소리는 귀로 들을 때보다 감성적이다, 오케스트라의 간주곡 비슷하다.

붉은 수은 불빛을 수면에 담은 밤의 강도 좋다. 그러나 참모습 낮의 강이 더 좋다. 일주일 전에 책에 몰두했다가 내릴 정거장을 지나쳐 하루 여섯 번 한강을 건넌 일이 있었다. 여섯 번째 만난 한강도 여전히 신선한 충격이었다. 두려운 사람이었다가 가슴 저린 시(詩)의 한 연(聯)이고, 서러운 민요가락으로 변하기도 한다. 강물은 강 위의 시간을 시시때때로 다른 모습으로 연출한다. 늘 뒤통수를 잡아당기며 간지럼 태운다.

열여섯 살에도 매일 두 번씩 한강을 건너다녔다. 노량진에서 수송동 숙명여자중·고등학교로 통학했다. 지금은 한강에 서른두 개의 다리가 놓였으나 1950년대 초에는 제1한강교뿐이었다. 6·25 때 폭파했던 다리는 강 가운데서 끊겼다. 청량리와 노량진이 종점이라는 전차는 한강다리 중간에서 멈추었다. 노량진 집에서 전차를 기다리며, 내려서 다리의 반을 걸으며 날씨 따라 기온 따라 모양을 바꾸는 물의 파장을 즐겼다.

'직립성저혈압'이 몰고 오는 두통은 여름에 더 심했다. 통증을 1에서 10으로 구분한다면 겨울에 3~4 정도이고, 여름에는 7~8 정도였다. 여름의 내 뇌의 온도는 39도쯤이다. 두통을 부추기는 여름의 뜨거움이 싫었다. 휴일에 끓는 머리를 식히러 강가로 나갔다. 더운 공기가 가득 찬 머리가 몸을 달고 애드벌룬같이 떠오를 것 같아 강둑에 서서 손으로 머리를 꾹꾹 눌렀다. 그렇게 여름을 견디며 겨울을 기다렸다. 겨울이라고 두통이 사라질 일은 없어도.

'한강'이라고 발음하면 소름이 돋는다. 연탄 두 장으로 여덟 식구의 취사와 난방을 해결했다. 없어야 좋았을 셋째딸은 언니들이 중단한 중·고등학교를 다녔다. 문 앞에 잠자리를 정하고 체온으로 방바닥을 데웠다. 혼자 학교에 다니는 죄인은 문틈으로 들어오는 황소바람을 막았다. 어머니는 절대로 계집애 밥을 먼저 푸지 않아 아침과 도시락을 생략당했다.

그 겨울은 삼한사온을 비웃듯, 영하 십오륙 도까지 내려가는 날씨가 보름이나 이어졌다. 강태공들이 얼음에 두 뼘쯤 되는 직사각형 구멍을 뚫고 낚싯대를 담그고 앉았다. 미군부대에서 흘러나온 국방색 옷과 국방색 방한모에 싸락눈이 빗금을 그으며 내려앉았다. 나를 뺀 모두가 잘 돌아가는 세상, 강태공들의 을씨년스러움도 열여섯 살 눈에는 낭만으로 비쳤다.

서해에서 불어오는 바닷바람은 빨강 신호가 없었다. 강줄기를 타고 거침없이 우르르 달렸다. 밤새워 달리고 새벽을 지나 이른 아침까지 달리는 버릇은 여전했다. 외투도 내의도 없는 다섯 자짜리 몸을 사정없이 흔들었다. 바람이 등을 떠밀면 번데기처럼 몸을 웅크렸다. 뺨과 손등에 얼음이 배겼다.

땡땡 땡땡 땡땡, 여섯 번 전차의 출발신호가 울리면 전차 위 전깃줄에선 스파크가 일었다. 전차는 시속 8km로 달리다 정전으로 두어 번 서기 예사로 종각까지 두 시간가량 걸렸다. 다려 입은 교복과 운동화가 엉망인 채 청진동 골목에 들어서면 해장국 냄새가 온몸을 휩쌌다.

하굣길에 한강 난간에 자주 기대어 섰다. 혼란기 계집애의 앞날은 안개 속에서 손짓하는 마녀의 손짓이다. 가슴은 위장보다 더 심한 결핍을 호소했다. 또래 친구도 없는 외로움이다. 그적의 내게, 아무도 눈길을 주지 않았던 것은 지금 생각하니 너무 다행이었다. 그 관심을 따라 눈감은 채 아무나의 가슴으로 뛰어들었을지 모르니.

삼신할머니의 실수였다. 일에 싫증난 할머니가 느릿느릿 나를 빚을 때 초파리 한 마리가 뛰어들었다. 효소 냄새를 따라 머리에 들어온 초파리는 밖으로 나오려 몸부림했다. 한창 지식을 흡수해야 할 나이였다. 두통이 시작되면 베개 위에 엎드려 견뎌냈다. 수업 시간에 엎드리지 않으려고 공책 살 돈으로 사리돈을 사 먹었다. 때거리가 달랑달랑하는 집의 계집애가 중·고등학교에 다니는 건 다른 사람 눈에는 사치다. 아무에게도 두통을 말할 수 없었다.

두통에 시달리는 머리를 추위가 치료했다. 몸이 얼면 머리는 조금 시원했다. 코끝이 빨갛게 얼어올 때쯤 머릿속은 맑아졌다. 사고는 동서남북으로 벼랑 사이에 걸린 줄사다리를 타듯 오갔다. 그리해 뼛속을 파고드는 강바람에 맞서기를 즐겼다. 다리 위에 서면 강물은 때로 나를 빨아들이려 했다. 유엔헌장이 적힌 종이는 강 밑바닥에 쓰여 있었다.

'모든 인간은 평등하고 누구나 하고 싶은 일을 할 수 있다'고 윤슬이 속살거렸다. 보이지 않는 손이 등을 와락 떠밀었다. 냉큼 난간을 놓고 물러섰다. 지독한 현기증이었다.

2월, 종업식이 있던 날도 강둑에서 서성거렸다. 강심의 물결은 시퍼렇게 넘실대고, 가장자리 마른 풀섶에는 예각의 얼음조각들이 유리 파편같이 햇빛을 반사했다. 서쪽 난간을 잡았다. 해의 붉은 토사물을 받아내는 물마루가 화려했다. 일렁이는 파장도 오색이었다.

낙엽빛의 물비늘이 수면을 덮었다. 나무 잎사귀를 닮은 파도 조각에 작은 얼굴들이 얹혔다 사라지고 다시 올라탔다. 얼굴들은 떴다 잠겼다 하며 떠내려갔다. 자세히 보니 친근한 얼굴들이다. 인간 향을 풍기는 제인 에어, 연약하고 당당한 소냐, 인간의 야만성을 울부짖는 불드쉬프의 얼굴도 보였다. 그녀들은 낚시꾼 다래끼에 담긴 잉어처럼 입을 뻐끔거렸다.

만나고 싶었던 얼굴들이다. 십대 가슴을 아리게 하는 얼굴, 세속적 행복을 누리지 못한 인물들이다. 한데 물 위에 뜬 얼굴들은 전혀 불행하지 않다는 표정이다. 그녀들이 내게 보내는 암호, 밑바닥을 기어야 하는 여건에서도 온전한 삶을 누리려는 노력이 행복이라고 말하는 것은 아닐까? 뻐끔거리며 사라지는 입들이 아린 충일감을 전해주었다. 사위가 캄캄해졌다.

희로애락의 감정도 생략당한 채, 창백한 얼굴을 한 나는 영락없는 폐병장이었다. 그러나 어쩔 수 없는 열여섯 살이었다. 바람결을 타고 노는 물결에는 엷은 낭만도 있었다. 그곳에는 화려한 드레스를 입고 강둑을 휩쓸며 쓰러질 때까지 왈츠를 추는 내 모습이 있었다.

오십 년 전같이 간절할 것 없는 몸이다. 나태한 몸과 마음을 들고 겨울 한강을 다시 찾았다. 엿가락처럼 늘어졌던 코끝에 삶의 열정이 맵게 매달린다. 슬픔과 아련한 기대로 가득했던 나날들, 더없이 소중했던 열여섯 살.

또다시 오십 년이 지난 어느 겨울, 16세의 어느 소녀가 한강 난간에 기대어 서러운 삶을 흐느낄지 모른다. 강물은 열여섯 살의 등을 또 부드럽게 두드려 줄 것이다. 창자를 훑어내는 비애를 품은 화려한 왈츠도 보여줄 것이다. 사람의 삶이다. 어느 나이나 살고 싶은 나이다. 열여섯 나이도, 예순여섯의 나이도….

생명의 소리가 넘치는 빈 들판

저물녘 빈들에 선다. 멀리 능선에 일렬로 선 소나무들은 노을빛을 받아 더욱 선명하다. 들판 가득한 비닐하우스들도 졸다 깨다 하는 모양새다. 스무남은 두럭의 논은 텅 비었다. 벼 그루터기만 난쟁이들 열병처럼 줄을 서 있다. 두럭 너머 밭에 펄럭이는 검은 멀칭비닐이 찢긴 채 바람에 널름댄다. 을씨년스럽다.

우리 아파트는 산자락을 깎아 지었다. 이 동네의 촌스러움이 나는 좋다. 아스팔트만 밟고 다니다 흙을 밟을 수 있으니 반가웠다. 아파트 후문을 나서면 밭도 있고, 육백 평쯤 되는 논들이 스무 두럭이다. 구부러진 논두렁을 걸으면 발가락 사이로 수제비 반죽 같은 흙이 발바닥을 간질인다. 발바닥은 물론 오장도 오글오글 간지럽다. 봄에는 논두렁의 쑥을 캐고, 여름에 매일 둘러보고, 추수 끝난 뒤에는 신발 바닥을 찌르는 벼 그루를 밟아본다. 촌뜨기의 논두렁 산책은 늘 즐겁다.

모 심는 구경을 하고 싶었다. 그러나 이미 동네 사람들이 하얗게 엎드려 모를 심는 시대는 아니다. 논을 갈아엎고 써레질까지 친 논을 매일 나가보아도 물 위에 부평초만 떠 있다. 물을 가둬 놓고 땅이 다져지기를 기다리는 중이다. 아직은 쌀쌀한 어느 아침 습관처럼 발을 놓다 깜짝 놀란다. 한 뼘도 안 되는 여린 모가 한들거린다. 이양기로 후딱 심어진 모들을 만난다. 지난 밤 야광 귀신이 심어 놓고 갔나 보다.

모들은 대엿새 몸살을 앓는다. 걸음마를 배우는 아기처럼 비틀비틀이다. 발밑이 미끄럽다고 몸부림치나 보다. 붙잡아 주고 싶다. 어떤 잎은 견디다 못해 노랗게 쓰러지고 만다.

"힘내라 힘내!"

주먹을 흔들며 응원을 보낸다. 일주일 지나면 색깔이 달라진다. 본래의 연두색이 돌아온다. 물에 연초록색이 뜨면 땅에 뿌리를 박았다는 표정이다. 중초록에서 진초록이 될 동안 논 주인보다 내가 더 애가 탄다. 매일 논으로 출근하다시피 그들에게 다가간다. 그것들은 나날이 다르게 색이 짙어져 검초록빛마저 돈다. 매일이다시피 키가 큰다. 어느 날은 아침에 외출하며 볼 때보다 저녁나절 돌아오며 보니 한 치는 더 자란 것 같다. 논 들여다보는 재미가 쏠쏠하다.

벼멸구가 살판났다. 뿌리를 살살 갉아먹는다. 장마가 든다. 벼포기들은 몸을 비틀어 피하려 해도 벌레들은 악착같이 달려든다. 이른 장마가 들었다. 쉬임없이 수런거린다.

"무슨 비가 이리 줄기차게 내리나, 발이 다 진물렀어 해는 언제 뜨나."

"오래지 않아 햇빛이 뜨거울 거야. 참아, 가뭄 때는 목구멍까지 빨갛게 타. 그때를 생각해 한껏 물을 마셔 둬."

"그래도 너무하잖아. 비가 하루만 더 오면 뿌리가 썩어 문드러질 것 같아요."

"발이 아니라 다리에, 아니 온몸의 힘을 짜내서 반듯이 서도록."

짱짱한 작은 벼포기가 한 치 더 큰 놈을 쥐어박는다. 햇볕이 쨍쨍 내리쬐면 햇볕에 한 뼘 더 자라고, 소나기 퍼부으면 두 뼘 더 자란다.

"아기를 갖고 싶어요."

"내가 도와줄게."

바람이 동쪽으로 가며 쓰다듬고 서쪽으로 돌아오며 정성껏 안아주었다. 팔월말쯤 되면 어느 순간 벼포기들은 사마귀 배처럼 배가 불러온다. 배동받이가 되었다. 벼는 헛꽃이 없다. 줄기마다 임신을 한다. 자세히 들여다보아야 보이는 작은 벼꽃들이 잎사귀 사이에 다닥다닥 붙어 있다. 팝콘을 잘게 뜯어 흩뿌려 놓은 것 같다. 배가 불러온다. 서른넷의 내가 '보세요, 나도 임신을 했어요'라고 배를 내밀고 다녔듯이 벼들도 경쟁하며 배를 불룩불룩 내민다. 이삭이 아침저녁으로 목을 길게 늘인다. 그리고 누르스름해진다. 낟알을 인 머리가 무거워 칠십대 할머니처럼 등이 굽는다. 땅을 내려다보며 익어 간다.

황금색으로 물들어 가는 들판을 보며 내 마음이 풍요로워진다. 가슴 한 가득 보물을 안은 듯 뿌듯하다. 충만하다. 어느 날 그러는 내게 묻는다.

"이삭 하나도 낟알 하나도 네 것이 아니야. 남의 것을 네 것 마냥 좋아하다니 주책이야."

그래도 마냥 좋다. 남의 것이든 내 것이든 이리 크게 온 힘을 다해 결실을 맺은 것은 다 굉장하다, 위대하다. 늦태풍이 몰아친다. 벼들은 몸무게를 이기지 못해 쓰러진다. 진흙탕이 된 몸으로 그러나 뿌리만 땅에 박혔으면 힘을 내어 일어서 낟알을 탱탱하게 여물린다.

추수도 모내기같이 벼락치기로 해치운다. 커다란 자루에 벼를 담는 남자를 발견하고, 논 주인인 줄 알고 말을 건넸더니 자기는 삯 받고 일하는 사람이란다. 주인이 이런 잔칫날에도 나타나지 않다니, 혹 다른 일을 하며 부업으로 짓는 농사인가. 요즈음 서울 턱밑 이 지역이 한창 개발 중이니 농사보다 땅값 오르기만 관심을 두는가?

고향 집 광문은 이즈음 바쁘게 여닫혔다. 도지로 들어온 쌀가마니 앞으로 작은 항아리들이 날마다 채워졌다. 작은 듯한 항아리에 유월두, 녹두, 울타리콩, 붉은팥, 잔달팥, 좁쌀, 수수, 기장, 서리태 등이 가득 담겼다. 할머니는 하루에 두 번씩 그것들의 뚜껑을 열고 손으로 쓰다듬어보곤 다시 덮으셨다. 겨울을 다 날 때까지 항아리 전은 곯지 않고 그득했다. 그 적의 할머니, 여름내 지어 놓은 잡곡 항아리들이 보석만치 대견하셨으리라. 지금 나의 충만함도 그 비슷하리라.

  타작날은 동네 잔칫날이다. 내 타작아니라도 혼자라도 잔치를 차리자. 밥을 짓고, 나물을 무치고, 장아찌도 예쁜 그릇에 담는다. 한우(韓牛)를 굽는다. 상추도 씻어 소쿠리에 받쳐 놓는다. 반 공기만 먹어야 하는 쌀밥을 두 수저 더 먹는다. 앞 논의 쌀 그중에 몇 알은 내 몫일 수 있겠다. 탄수화물은 씹을수록 단맛이 난다. 밥이 보약이다. 밥을 먹어야 탄수화물이 가장 필요한 머리도 제 기능을 발휘한다.

  들판이 비었다. 가득하던 생명체들은 모두 누군가의 공간으로 들어가 쉴 것이다. 그리고 다른 생명의 에너지를 보급해 줄 것이다. 식물은 동물을 위하여, 작은 동물은 큰 동물을 위하여, 결국엔 인간을 위하여. 식물이 아무리 기를 쓰고 살아내도 자신을 위한 즐거움은 없다. 다른 생명을 위한 보시(布施)로 마치게 운명지어졌나 보다.

  가슴이 허허롭다. 그들먹하던 기쁨은? 한 살이의 뒤끝, 다 이루어냈다는 안도감 뒤미처 허망의 쓸쓸함도 따라오는 것을 어쩌지 못한다.

비슷한 환경, 전혀 다른 생활

　남태평양 마이크로네시아의 나우루공화국은 1968년 독립한 국가다. 세계에서 가장 작은 나라 중 하나다. 섬 일주도로가 18킬로미터, 우리나라 울릉도의 3분의 1정도이다. 원주민 1만4천 명은 수렵과 고기잡이로 살았었다.
　태평양 한가운데 있는 섬나라. 새들이 날개를 쉬어 가는 중간 기착지다. 섬 전체가 새똥이 쌓여 굳어버린 인광석으로 덮였다. 인광석은 고급 비료, 의약품, 반도체의 원료다. 그것을 수출하기 시작하자 섬이 발칵 뒤집혔다. 달러를 구경도 못하던 원주민 소득이 20000불이 되었다. 매달 1억 원의 생활비 지원으로 원주민은 놀고 먹었다. 세금도 없고, 주거, 교육, 의료비도 무상지원이었다. 파출부, 공무원까지 외국인을 채용했다. 집집마다 자가용이 두세 대씩, 냉장고에는 육류와 가공식품들이 가득 찼고 사람들은 생업도, 일하는 방법, 요리하는 것까지 잊어버렸다. 전에는 구경도 못했던 맛있는 것 - 소시지, 햄, 피자 등—을 먹고, 비행기 타고 육지로 쇼핑 다니는 일에 몰두했다. 이런 천국이 있나 싶었을 게다.

항상 풍부할 줄 알던 인광석이 2003년에 고갈되었다. 그들의 꿈같던 생활도 막을 내렸다. 이름도 알려지지 않았던 작은 섬이 그때부터 유명해졌다. 국민의 98퍼센트가 당뇨병 환자였다. 당뇨병 의사들이 병 유발 원인을 찾아서 몰려들었다. 녹이 슬어버린 총과 찢어진 그물을 보고, 집집의 냉장고를 열어보고 당뇨의 원인이 어디서 시작되었는지, 당뇨 치료 방법을 어찌해야 하는지 연구하느라 열심히 드나들었다.

그들의 냉장고를 열어본 사람들은 놀랐다. 그들은 칼로리 높은 음식들, 완전 조리된 음식에 섞인 착색제, 방부제, 보존제 등등을 마구 먹어댔다. 게다가 운동을 전혀 하지 않아 모두 뚱보들이 되어 있었다. 의사들은 한결같이 당뇨병에 걸리려면 그들처럼 살라고, 또는 당뇨 치료 강의를 할 때도 어김없이 나우루의 예를 든다. 이구동성으로 당뇨병 후유증의 무서움까지 들추며.

나우루 주민들은 미래의 희망, 일과 삶에 대한 의지력, 욕구 자제력 모두를 잃었다. 오늘날 그 사람들은 오세아니아의 후원으로 근근이 살아간다. 남의 나라에서 빌어먹는다.

이 섬의 예는 많은 것을 생각하게 한다. 인간의 욕망은 구멍이 뚫리면 통제력을 잃는다. 너나없이 물질의 풍요만이 목표다. 현재 당뇨병은 급속도로 번지고 있다. 대한민국도 국민의 30%가 당뇨 환자다.

인광석은 언젠가는 동이 날 게다. 우리가 계속 이렇게 살아도 괜찮을까 생각할 지도자 한 사람이 없었던 것이 나우루공화국을 망쳤다.

뉴질랜드에도 원주민 마오리족이 살고 있다. 영국의 식민지가 되자 햐얀 정복자들이 마오리족 생활양식을 개선하려 했다. 길을 닦고, 다리를 놓고 교육시켜 자기들 정복욕에 동조하게 만들 작정이었다. 마오리족은 건축자재를 싣고 온 영국인들을 막아서며 따졌다.

다리를 놓고 통행세 받고, 길을 닦는다고 우리 삶의 터전인 숲을 망가트리려 한다. 그들과 우리는 생태적으로 맞지 않는다. 우리는 물고기요, 정복자들은 원숭이다. 원숭이는 물 속에서 헤엄치는 물고기를 구한답시고 모두 건져서 모래톱에 놓을 작정이다. 우리들의 장래는 불을 보듯 뻔할 거라고 예견했다.

"당신들은 툭하면 문명과 편리함을 말하는데 우리들은 문명 같은 거 몰라도 여직 잘 살아왔다. 우리는 우리 조상이 살던 방식으로 살겠다."

영국의 식민지 땅이 되었어도 마오리족은 정체성과 고유문화를 지키고 있다. 조각작품도 많이 만든다. 5분의 4 정도가 도시에 살며 산업경제에 참여하고 직업차별도 받지 않는다. 마오리족 남자와 백인 여자의 결혼도 늘어나고 있다.

나우루족이나 마오리족이나 사냥하고 물고기 잡아먹으며 살았다. 나우르족은 오세아니아의 정신적 피지배족이 되었다. 마오리족은 자신의 땅을 빼앗겼어도 그들의 정체성을 지키며 떳떳하게 산다. 무엇이 달랐을까?

　천혜의 자원이 영원할 줄 알았던 나우루족, 자연에 순응하며 불편한 생활을 물려준 조상에게 감사했던 마오리족, 두 민족의 환경은 비슷했다. 그러나 삶의 방식에서 온 결과는 천지차이가 아닌가? 한 민족은 남한테 얻어먹는 거지족이 되었고 다른 한 민족은 주인의식을 갖고 당당하게 살고 있다. 나우루족이나 마오리족이나 어슷비슷한 환경이었다. 무엇이 이들을 전혀 다른 민족이 되게 했을까? 삶의 지혜와 철학이 만들어낸 결과다.

　내가 만일 나우루족이라면 다시 화살을 만들고, 어망을 손질할 것이다. 오세아니아의 도움을 거절할 것이다. 한데 그들은 아무래도 편안함을 포기하기 힘든 모양이다. 그들은 영원히 오세아니아의 피지배자다.

　텔레비전에서 한 경찰이 살인죄를 지은 젊은이를 취조하는 장면을 보았다. 죄인이 안타까운 수사를 끝낸 경찰이 한마디 했다.

　"왜 그렇게밖에 못 살았나, 바르게 살고 싶은 생각이 전혀 없었나?"

　죄인이 대답했다.

　"저는 혼자입니다. 조실부모하고 형제도 친척도 없어요. 죄를 지으면 손가락질하는 사람들뿐이었습니다."

　경찰은 한숨을 내쉬었다.

"얌마, 나도 조실부모했다. 나도 친척이 없어. 그러나 나는 이를 악물고 옳게 살아야 부모 갖춘 사람들을 이기는 거라고 구두닦이, 신문팔이 하며 고학했고 대학까지 다녔다. 부모가 없다고 다른 사람에게 손가락질 받기보다 부모 있는 사람보다 더 열심히 노력해 사람답게 사는 것이 그 사람들을 이기는 거야. 봐라, 너는 맘 내키는 대로 살아서 유치장에 가고, 비슷한 환경이었지만 나는 이를 악물고 노력해서 너를 취조하는 경찰이 된 거를. 감옥에서 나오거들랑 제발 사람답게 살아라."

죄인은 경찰을 물끄러미 쳐다보더니 말없이 머리를 숙였다.

인간은 동물과 같은 생태계지만 지혜를 갖춘 동물이다. 만물의 영장이란 칭호는 거저 받은 별호가 아니다. 자유를 구속받으며 배부르게 백 년 살기보다, 배고픈 채로 자존심 지키며 하루를 사는 게 인간답다. 인간답다는 것은 내 앞으로 닥치는 고통을 피해가기보다 견디거나 이긴다는 의미도 포함되어 있다. 편한 맛은 더욱 편해지려는 본능을 불러온다. 소크라테스는 말했다.

"가장 적은 것으로도 만족하는 사람이 가장 부유한 사람이다."

한데 사람들은 이 말을 혹간 거꾸로 듣기도 한다.

눈물로 얼룩진 편지

 그날도 아침부터 찌는 날이라 빨리 청소를 끝내고 에어컨을 켜고 앉아 전날 배달된 수필집을 읽을 작정이었다. 안방과 거실을 치우고 딸의 방으로 들어갔다.
 책상 위를 걸레질하다 보니 봉투 밖으로 반쯤 비어져 나온 편지가 보였다. 수신인이 남자 이름이다.
 '아니, 이건…?'
 망설여진다. 혹 남자친구라도 생겼나. 자식의 편지라도 함부로 읽을 수는 없지만 그래도 이렇게 방치한 편지는 읽어도 무방할 것 같다. 편지는 볼펜으로 또박또박 썼는데 눈물에 젖어 글씨가 퍼져 알아보기 힘든 부분도 꽤 있었다. 자폐아 형철이 아버지의 편지였다. 학부형의 편지는 처음이었다.
 "선생님, 형철이의 아비입니다. 찾아뵙지도 못하고 이렇게 편지를 드리게 되어 죄송합니다. 우리 형철이 때문에 고생이 많으셨지요? 선생님 덕분에 무사히 일반 중학교에 갔습니다.

병원비를 대느라 집도 없애고, 주방장도 없이 우리 내외가 아침부터 밤까지 냉면가게에 붙어 있는 형편입니다. 형철이에게만 신경을 쓸 여유가 없어 가슴만 태우고 있지요. 그 아이가 혼자 살아갈 수 없다면 우리 내외 중 한 사람이 형철이보다 하루라도 더 살아 있기를 바랄 뿐입니다. 우리 부부가 모르는 형철이의 장점과 단점을 선생님이 더 잘 알고 정성껏 지도해 주셨다고 애 어미한테서 들었습니다. 감사드립니다. 형철이는 돌 무렵에 자폐아 판정을 받았지요. 몇 년간 만난 선생님들은 큰 사고 없이 한 해가 지나가기만을 기다렸습니다. 선생님이 그 애 어미를 오라고 하셨을 때 또 지청구를 듣겠구나 했었지요. 그런데 형철이 어미를 통해 들은 소식은 놀라웠습니다."

"특수학교로 보내야겠지요?"

하고 묻는 어미에게

"지금 특수학교의 실정이 교육을 전혀 기대할 수 없습니다. 수용하는 수준에 그치고 있습니다. 어차피 형철이가 정상인들 사이에서 살아가자면 일반 학교에 가서 정상인들 속에서 생활하는 것이 좋습니다. 정상인들에 섞여서 다른 아이들이 열 가지를 배울 때 서너 가지라도 배우는 것이 형철이 장래에 도움이 됩니다. 다만 친구들의 놀림을 잘 이겨낼 수 있도록 부모님과 제가 신경을 써 주어야 합니다. 함께 노력해봅시다"

고 하시며

"그동안 형철이의 행동을 주시하면서 시정해야 할 열 가지도 넘는 사항들을 수첩에서 적어주셨다고 들었습니다. 애 어미도 저도 울었습니다. 감사합니다. 감사합니다. 선생님 말씀대로 견디는 데까지 견뎌보면서 최선을 다해야지요. 형철이 때문에 여러 번 곤란한 일을 겪으셨다는 이야기를 옆집 수정이 엄마한테 들었습니다. 죄송하고 또 죄송합니다. 부족한 아이지만 제게는 천금 같은 자식, 열심히 잘 키우겠습니다. 선생님은 참 교육자십니다."

현기증이 일었다. 몽둥이로 뒤통수를 한 대 얻어맞았다. 형철이라면 우리 딸이 맡은 반에 있는 자폐증을 가진 아이다. 처음 그 아이를 자청해서 맡았다고 했을 때 딸에게 화를 냈다.

"선배들이 다 안 맡겠다는데 왜 병아리 교사 네가 맡아, 주제넘게시리?"

라고 힐난했다. 딸의 대답은 누군가는 맡아야 하고 학년부장 선생 말고는 다 주부 선생님들인데 직장과 가정생활로 바쁜 선생님들보다 처녀가 맡는 것이 낫겠다는 것이었다. 그렇기는 해도 딸이 받을 스트레스를 생각하니 내 속까지 문드러졌다.

예상대로 형철이의 재롱은 메뉴가 다양했다. 수업시간과 쉬는 시간의 개념이 없었다. 교실을 뛰어다니고, 밖에 나가고 싶으면 아무 때나 나갔다. 손 씻고 와서 물세탁하지 못하는 선생님 옷에 물기 닦고 시도 때도 없이 선생님을 불러 수업

분위기를 망쳐 놓는 일이 계속되었다. 집에서 가져 온 장난감 자동차로

"부르릉, 붕, 붕"

하면서 앞의 학생 어깨 위로 머리 위로 옆의 학생 머리 위로 자동차 놀이를 하고….

어느 날 수업 중 문이 벌컥 열리며 교감선생님이 들어섰다.

"아니 전 선생, 학급 아이가 없어져도 모르고 있었소?"

하고 질책을 하더란다. '어라, 10분 전에 제자리에 있던 아이가 교감선생님 뒤에 서 있지 않은가.' 형철이는 어느 틈에 아래층에 내려가 부러진 마포자루로 2학년 우정반 학생들의 머리통을 통통 때리고 있더란다.

"도, 레, 미, 파, 솔. 라, 시, 도…."

음계까지 읊으며. 즉각 교무실로 연락이 가고 교감선생님께 끌려온 것이다. 반장 엄마와 학급 아이들이 특수학교로 보내자고 했을 때 우리 전 선생이

"너희들은 세상에 나올 때 형철이보다 더 많은 것을 받았다. 더 많은 것을 받은 사람이 적게 받은 사람에게 조금 나누어주는 게 좋지 않겠어? 우리는 한 배를 타고 가는 거야. 우리 불편해도 조금씩 참고 견뎌보자"

라고 했단다.

나도 눈시울이 붉어졌다. 나도 내 자식이 편하고 내 자식만 잘 되면 된다는 생각이었다. 모두들 그렇게 살고 있으니까 내 자식 앞날만 생각했었다. 승진에 신경쓰라고 다그쳤다. 안

그런 척 남에게 말하면서 이기적인 생각에 젖어 살았었다. 딸은 이리 참교육자가 되려고 신경을 곤두세우고 있는데….

　세상에는 남에게 들키고 싶지 않은 아픔을 지니고 사는 사람도 있다. 모자라는 자식을 둔 부모가 제일 불행한 부모다. 자폐아 자식을 둔 부모, 아이를 볼 때마다 가슴에 못 하나씩 박을 게다. 눈에 보일 때나 안 보일 때나 언 가슴일 게다. 사는 게 사는 게 아닐 것이다. 그 자식도 여느 집 다른 자식만큼 사랑스러운 것을.

　그날 나의 일과는 거기서 중지되었다. 도무지 일이 손에 잡히지 않았다. 아침 설거지를 저녁때까지 못하고 있었다. 그리고 딸과 함께 이 난국을 어찌 헤쳐 나갈지, 어떤 것이 그 아이에게 이로울지 긴 시간 의논했다.

　나는 내 딸을 교육공무원으로 만들어 놓은 것을 후회했다. 세칭 일류대학교에 합격하고도, 입학 포기서에 도장을 찍고 교육대학에 갔다. 딸의 생각은 좋은 교육자일지 모른다. 허나 나는 활짝 열려 있던 모범생 자식의 장래를 막은 죄의식에 날마다 절절매었다.

　그러나 모두들 자기 앞만 보고 가기 바쁘고 제것 챙기기에만 바쁜 세상에 뒤돌아보며 못 쫓아오는 사람에게 손 내밀어 잡아주는 성숙한 삶의 태도, 이런 젊은이들이 많아야 살 만한 사회가 될 것이다. 뒤처진 사람 기다려주며 서로 보듬고 산다면 그야말로 살아볼 만한 세상 아닐까? 나를 일깨운 사람이 내 딸 전 선생이다.

교육에 관한 한 입을 갖은 모두가 한마디씩 한다. 요즘같이 교권이 바닥을 치는 세상은 처음이다. 내가 학생일 때 군사부일체(君師父一體)를 외우고 다녔다. 스승의 그림자도 밟지 않았다. 한데 지금은 교사의 시아버지가 아홉이다. 교장, 교감을 비롯해 학년부장 선생들, 학부모 심지어 학생들까지. 나는 초등학교에 들어간 자식 앞에서 선생님께 최고의 존칭을 썼다. 그래야 선생님이 존경할 사람이라 알고 그래야 선생님의 머릿속에 있는 지식을 고스란히 받을 수 있다고 생각했기에. 선생님이 공석에서 나쁜 말은 하지 않을 것을 믿기에. 순전히 내 자식을 위한 행동이었지만 결과는 좋았다.

이럴 줄 알았다면 교사를 단념했을 게다. 학부형에게 협박받아 자살한 수이초등학교의 젊은 교사. 그렇게 성인을 만들어 놓은 그의 부모. 교육청도 학부형들도 대안 없이 성토만 하는 중에 교육자들은 공연히 죄인이 된 심정이다. 지식교육과 생활교육이 합쳐진 초등교육이 인생에서 가장 중요하건만.

대다수의 선생님들은 학생들을 사랑하며 열심히 지도하고 있다. 그러나 예전처럼 선생님들의 위상이 높아질 가능성은 없다. 부작용이 최소화되도록 꼼꼼히, 그리고 천천히 긍정적인 교원평가가 실행되었으면 하는 생각이다.

딸이 받은 한 통의 편지로 나도 교육계를 바라보는 안목과 세상을 보는 눈이 새로워졌다. 내 딸 전 선생 힘내자, 형철이 같은 학생을 열심히 보살펴, 그애들에게도 이 세상이 살 만하다는 인식을 심어 주자, 그게 네 가장 중요한 역할이다.

다섯 점 반

　오후 다섯 점 반(5시 30분)이다. 어둠이 빛의 자리를 앗으려는 순간이다. 대기의 밀도(密度)가 헤실바실 흩어지기 시작한다. 반대로 내 몸을 아우르는 세포밀도가 촘촘해지기 시작한다. 숨어있던 내 특이한 신경줄이 시동을 걸기 시작했다. 달아오르는 얼굴, 알알해지는 목구멍과 아려오는 가슴, 답답해지는 숨결과 깁스라도할듯 온몸을 압박하는 공기의 압력이 시작된다. 탈싹 주저앉으려는 종아리에 힘을 지그시 준다. 이 시각이면 어김없이 내 감성 뿌리가 흔들리기 시작되고 몸살 비슷한 증상.
　온 동리에 시계가 이장집에 하나뿐이던 1940년의 윤석중 선생의 『넉 점 반』이란 동요.
　"영감님영감님 엄마가 시방 몇 시냐구요
　넉점 반이다
　넉 점 반, 넉 점 반

아기는 오다가 물 먹는 닭 한참 서서 구경하고
잠자리 따라 한참 돌아다니고
(중략)
해가 꼴딱 져 돌아왔다.
엄마 시방 넉 점 반이래"
엄마 심부름하는 아기의 몸짓이다.
내 증상은 아기의 티끌 없는 행동을 흉내 낸 모양이다.
처음엔 하루를 충실하게 살지 못한 무력감(無力感)이나 회오(悔悟)라 생각했다. 그러나 눈코 뜰 새 없이 바쁘게 무엇엔가에 정신과 육신을 빼앗겼던 날도 재산을 탕진하고 돌아온 탕자 같이 내 몸과 혼은 휘청거렸다.
일곱 살이었다. 그 경천동지할 광경은 그 전에도 그 후에도 못 보았다. 뒤 울타리 밖이 복숭아 과수원이다. 여름날 낙조 무렵에 혼자 거기 간 것은 그날따라 봄의 화려했던 복숭아꽃이 생각나서였을 게다. 복숭아나무 아래서 내 손에 맞춤한 공깃돌을 집다가 내 팔뚝보다 굵은 복숭아나무 밑동의 빨강색을 발견했다. 시선이 그 색을 따라 갔다. 빨강색은 나무를 서너 뼘쯤 기어오르다 들판의 허공을 질러 서쪽 하늘까지 이어졌다.
괴앵장한 잔치였다. 황제가 옷자락을 펄럭이고 있었다. 용포를 휘어잡은 시녀들의 옷자락 색깔들은 눈동자가 화등잔해질 만치 화려했었다. 아니 화려하다는 단어로는 부족하다. 사람의 눈은 보통 150가지 색을 구별한다는데, 그 날 내 눈은 죽음을 앞둔 병자만이 볼 수 있다는 10만 가지의 색을 보았다.

색동저고리보다 무지개보다 훨씬 호화로운 색깔들. 나는 부동자세로 섰다가 털썩 주저앉았다. 목을 콱 막았던 돌멩이 비슷한 무엇이 툭 튀어나왔다. 대성통곡을 쏟았다. 그리 크고 질긴 울음은 그전에도 후에도 없었다. 빛의 스팩트럼(spectrum-빛을 프리즘으로 분해했을 때 생기는 무지개 같은 파장의 색깔들)이다. 노을은 햇빛이 천삼백 도에서 천 칠백도 사이에서 빛이 산란되며 분산되는 현상이란다. 굴절각도에 따라 셀 수도 없을 만치 여러 가지 색이 나타난다.

겨우 울음을 수습하자 파시장(波市場) 같은 허무함이 왔다. 하늘은 곧 짙은 회색으로 물들었다가 검정 색이 되었다. 종일 입을 앙다물었던 흙바닥이 기다렸다는 듯 땀구멍을 열었다. 땅거미도 검정 색으로 화답했다. 검정색은 가장 낮고, 가장 음습(陰濕)한 곳으로부터 뿜어 나왔다. 과수원 옆 도랑의 돌 틈 사이에서, 물풀의 뿌리에서, 찔레덤불 속에서, 막 풀숲에 숨은 사마귀 날갯죽지 밑에서, 자갈과 모래 틈을 헤집고 솔솔 피어올랐다. 지표면이 막걸리를 넣은 찐빵 반죽처럼 부풀어 올랐다.

발밑이 근지러워졌다. 안개가 공중으로 흩어진다. 한사코 계집애의 치마 속 종아리를 기어오른다. 개미가 기어오르듯 허벅지 안쪽이 간질간질하다. 겨드랑이도 근질근질하다. 안개는 내 볼과 일곱 개 구멍을 빠짐없이 애무했다.

당혹스러웠다. 이 사건은 그저 그런 자연현상일지라도 내게는 지극히 개별적이고 주관적인 사건이다. 내 운명의 예시였다.

생명은 항상 느낀다, 가축도, 거실의 화초도 음악을 틀어주면 잘 자라는 것은 말은 못해도 느낌이 있다는 증거다. 하늘은 느낌과 동시에 표현력도 주어야 했다. 몸짓이나 말, 글 중 어느 하나를 주었어야 했다. 내 어릿광대 몸짓은 식구들과도 통할 수 없었고, 돌 무렵 시작한 말도 그것을 표현하지 못했고, 글자는 여덟 살이 되어서야 익혔지만 역시 다 표현 못했다. 발산하지 못한 감성은 혼자 삭혀야할 나만의 몫이요, 고민이다. 그 표현 못하는 감(感)은 더 애절하게 속으로만 잦아들었다.

우주가 무너지는 것만큼 컸던 그적의 아름다운 슬픔은, 아직까지 그 크기로 내 늙어가는 가슴에 담겨 있다.

"지극한 아름다움은 지극한 서글픔이다."

라 했다. 그것은 신탁(神託)이다.

법학자 兪鎭午 박사는 『滄浪亭記』에서 아버지를 따라 서강(지금의 마포) 창랑정에 갔다가 저녁노을이 한강으로 잦아드는 기막힌 모습을 보았단다. 그날 태양의 조락(凋落)은 나라의 운명과 함께 판서와 정경부인 죽음의 예고였고, 하나뿐인 손자인 종형도 폐인이 되어버렸다.

헤밍웨이도 네 살 때 들판에서 본 노을의 연출이 평생 가슴 속에 존재했단다. 우리나이로 대여섯 살이었을 게다. 그는 많은 명작을 썼고, 노벨문학상까지 받았다. 그러나 더 나은 작품을 쓸 수 없을 거라는 자책감, 십여 번의 사고를 겪으며 신이 더 이상 자신을 해코지 못하게 하려고 자신의 목구멍에 총을 쏘았다. 그의 자살도 노을에서 얻은 네 살 때의 날카로운 노을 감성 탓이었을 게다.

　슬픔에만 민감한 얼간이가 되었다. 그것은 씀바귀나 한약보다 더 쓴 지독한 맛이었다. 인생이 쓰디쓴 약이라는 걸 너무 일찍 알아버렸다. 아주 어린 나이에… 그러나 그날 맛본 비감(悲感)한 여운(餘韻)은 늘 한편으로는 나를 지탱하는 힘이 되어 주었다.

　"나는 아직 살아있다"

　다섯 점 반, 장독대 옆 분꽃이 벙그는 시각이다. 밭에서 돌아온 아낙이 보리쌀을 절구에 넣고, 물 붓고 공이질 하랴, 애호박전 부치랴, 강된장 끓이랴 몸과 마음이 경중거려지는 시각이다.

　하지만 내게는 그런 일상사가 버겁다. 불치병이 도지는 시각이다. 그 별난 그 느낌이 그리 생소하지도, 싫지만도 않다. 가끔은 일곱 살 그 나이처럼 통곡하고 싶은 충동이 인다. 이제 익숙해진 그것을 마중해야 한다. 앞섶이 잘 여며졌는지 다독거리고 머리를 다시 손빗질해야 한다. 오늘 하루치의 슬픔을 잘근잘근 씹으며 가슴 한가득 차오를 그 날의 느낌을 반추해야지.

　내일도, 모레도, 내년에도, 내후년에도, 이십년 후에도 다시 다섯 점 반은 올 것이다. 나는 그것이 다가오는 그것을 잘근잘근 씹어 맛보고 싶다. 삶은 모두가 비슷비슷한 슬픔이니까.

3부

수선화처럼

얼굴이 너무 무거워

존재 없는 존재

고프다

공기의 무게

장조의 진혼굿

뛰어야 하는 병

홀딱 벗고

물방울무늬 넥타이

수선화처럼

 2월 말, 겨울 외투를 입은 채 가로수 아래를 걷고 있었다. 거리의 분위기도 아직은 겨울이다. 한데 화원에서 내놓은 수선화가 인도에까지 늘어섰다. 햇볕 한 움큼씩을 움켜쥔 노랑이 해맑은 미소를 머금었다. 아직 바람결에 들리는 인사가 낯익다.

"나 좀 봐요, 내가 왔어요, 우린 구면이지요, 삼백오십일 전에 이별했죠?"

아직 겨울 감성을 못 벗은 나, 그 인사가 좀 멋쩍긴 해도 마음이 한결 훈훈해졌다. 움츠렸던 온몸의 세포가 이완된다. 한지를 뜨려고 풀어놓은 닥나무 풀물처럼….

수선화는 지중해 지방이 원산지다. 제주도에는 추사 김정희 선생이 유배지 근처에 많이 심어 흰색 수선화가 물결치고 무심한 주민들은 마구 베어 마소 여물로 준단다. 수도권에서 보는 수선화는 개량종인 노란색 일색이다.

노란색은 마음을 잡아당기는 신비로움이다. 별나게 화사하다. 노랑은 또 부지런하다. 가장 먼저 봄을 손짓하는 색이 노랑이다. 노랑 복수초가 눈을 헤집고 나오면 연달아 수선화, 생강나무, 민들레, 개나리, 산수유의 노랑들이 봄볕을 다투며 솟아난다.

수선화의 꽃말은 '나를 사랑한다, 또는 자존심'이다. 수선화에 깃든 그리스신화는 애처롭다. 제우스신의 양을 치는 나르키소스라는 미소년은 자신의 얼굴을 보면 불행해진다는 신의 저주를 지녔다. 그러나 그런 운명을 모르는 채 살았다. 어느 날 양 떼에게 물을 먹이러 냇가로 갔다. 자신도 물을 마시려고 냇가에 엎드렸다. 나르키소스는 그때까지 자신의 얼굴을 한 번도 못 보았다. 물에 비췬 아름다운 소년이 물 속에 사는 님프인 줄 알았다.

"오 아름다운 님프여, 꽃보다 아름다운 그대도, 나를 만나서 반가운가요?"

해가 꼴까닥 넘어가는 것도 모르고 물에 비췬 미남에게 빠져 있었다. 양들이 모두 흩어져 달아났다. 화가 난 제우스가 나르키소스가 선 자리에서 움직이지 못하는 식물로 만들어 버렸다. 속명도 Narcissus다.

모란이야 화려한 얼굴을 마음껏 자랑한다. 하지만 수선화는 꾸중 듣는 수줍은 여린 소녀다. '저는 벌서는 중이에요'라는 듯 고개 숙이며 발끝만 내려다보는 그 애련(哀憐)이 마냥 나를 끌어당긴다.

봄이면 새 학기에 새 교과서를 받는 심정으로 해마다 수선화 분을 사다 장식장 위에 놓는다. 수선화는 줄기가 미처 다 자라기도 전에 참새의 혓바닥을 닮은 연노랑 꽃술을 수줍게 내밀었다.

노힐부득과 달달박박은 부처가 되려고 계(戒)를 닦고 있었다. 해거름에 한 여인이 달달박박의 처소에 찾아들었다.

"나는 계를 닦는 중이요, 여인과 함께 밤을 지낼 수 없소."

거절당한 여인은 맞은 편 노힐부득을 찾아갔다. 노힐부득은 여인을 안에 들여 출산을 돕고 그녀의 청대로 목욕까지 시켰다. 여인은 두 사람 계의 완성을 도우려 하늘이 보낸 선녀였다. 다음날 아침 날이 밝자마자 달달박박은

"노힐부득은 틀림없이 계를 어겼을 게다. 가서 비웃어 주리라"

하고 갔다가 금빛 광채를 띠고 연화대에 앉은 노힐부득을 보고…『三國遺事』에서 고개를 드니 수선화는 그 사이에 입술을 반쯤 벌렸다.

수선화 열두 송이로 거실이 화사해졌다. 엄마 목을 끌어안고 눈을 맞추며 삐쭉 입을 내민 6개월짜리 아기가 겹쳐 보인다.

이제 내 한 해가 시작된다. 영랑은

"모란이 지고 말면 그뿐, 내 한 해는 다 가고 말아…"

라고 토설(吐說)했으나 나는 한 해의 시작을 이리 읊는다.

"떡국과 상관없이 수선화가 피어야 비로소 내 한해가 시작된다."

고. 수선화의 노랑은 겨울의 칙칙함을 벗어던지는 화려한 설렘이다. 힘겹게 꽃송이를 이고 선 저 연약한 줄기가 애처롭지만 위대해 보이기까지 한다. 원죄(原罪)를 안고 태어난 나, 수선화처럼 항상 수치심에 사지를 떠는 나, 수선화처럼 빈약한 줄기로 버티고 선 나, 하늘만 바라보는 자존감을 발끝에 힘주어 꽉 붙잡는다.

얼굴이 너무 무거워

 현관에 진열된 번호판의 숫자를 계속 눌렀다. 문이 열리고 천장의 센서가 반짝 들어왔다. 돌아서서 두 개의 걸쇠를 잠그고 구두를 벗었다. 사고 없이 무사히 돌아왔다. 장갑과 모자, 머플러와 외출복, 시계와 목걸이를 차례로 벗겨내며 안도의 숨을 내쉰다.
 피부가 되다시피 한 얼굴의 접대용 가면과 체면 유지용 가면도 벗었다. 없었다면 질식해버렸을 위악의 가면까지 벗었다. 이 가면들은 육십여 년을 쓰고 다녔음에도 세 살짜리의 피부처럼 얄깃얄깃하다. 누가 눈만 흘겨도 찢어지게 생겼다. 투명한 비닐 같은 가면을 용케도 종일 쓰고 다녔다.
 내일 다시 쓰려면 찢어진 곳을 꼼꼼하게 스카치테이프로 붙여야 한다. 구겨버린 자존심도 퍼즐같이 정돈해 맞추고, 종일 받은 상처에 연고도 바른다.
 열한 시, 자리에 누웠다. 누운 채로 혼까지 벗어 얌전히 개켜 머리맡에 놓았다. 종일 정수리를 찍어 누르던 혼의 무게를 덜어내니 감은 머리를 털어내듯 시원하고 가뿐하다.

나는 이제 누구의 이웃도, 누구의 자식도, 누구의 어머니도, 아내도 아니다. 내 몸에 열쇠를 꽂아 작동시키고 브레이크와 엑셀레이터를 멋대로 밟아 가며 종일 운전하고 다니던, 나를 조립한 조물주조차 내 주인이 아니다. 지금은 머리와 몸을 퇴화시켜 본능만 남은 하나의 숨탄것일 뿐이다.

기지개로 힘을 뺐다. 베개에 눌린 관자놀이에서 콩콩거리는 소리가 났다. 내버려 두어도 알아서 잘 작동하는 심장의 신호다.

"당신 머리는 하루 여섯 시간 쉬어도 두통만 가득 담은 멍청한 물건이야. 나는 당신이 잠들어 있는 동안에도 일 분에 일흔두세 번씩 뛰었다, 육십여 년을 한결같이. 당신이 눈과 입과 머리로 지은 과오도 몽땅 내 양심에 걸리고, 의식 없이 남에게 준 상처, 계획했다 지워버린 범죄, 당신이 깨닫지 못한 죄까지 나는 부끄러워해야 했다."

있는 듯 없는 듯 존재하던 발도 항의한다.

"나는 48킬로그램의 네 육신을 이고 종로로 을지로로 종일 다녔다. 가장 힘들게 일하는데 목욕탕에 걸린 발 닦는 수건은 제일 낡았다."

휘청거릴 때 함께 눈물 흘려준 것은 심장이었다, 사람 냄새 잃지 않도록 깨우쳐준 것도. 내 의지대로 움직여준 발도 고맙다. 그러나 지금은 아무것도 생각하지 않으련다. 졸리다, 잠

속으로 빠져든다.

　침대에 누운 채 엘리베이터를 타고 아래로 내려간다. 육 층에서 오 층을 거쳐 사 층, 그리고 삼 층, 이 층, 일 층을 지나 땅속으로 내려간다. 굴속같이 깜깜한 어떤 지점을 향해 정신없이 내려간다. 내려가는 속도가 더욱 빨라진다. 거기 지구 중심쯤에 건너야 할 큰 강 마그마가 있다. 흙탕물 같은 마그마가 용트림 치며 흐른다. 그래도 나는 건너야 한다. 한데 한 번도 개울 건너 저편으로 가지 못했다. 늘 그곳에 빠져 허우적거렸다. 이 밤에도 그렇다. 다리 위에서 우산을 쓴 사람들이 손가락질을 한다.

　"어머 저것 봐, 사람이 떠내려가네."

　꺼내주려는 사람은 없다. 스스로 빠져 나갈 힘없음이 차라리 평온하다.

　"사람 살려!"

　소리도 치지 않는다. 남의 불행을 구경하며 자신의 행복을 확인하려는 비열한 인간 본성을 내가 관람한다. 흙탕물 속을 떴다 잠겼다 휩쓸리며 바위에 머리를 부딪히며 소리친다.

　"나를 구경하지 마, 동정하지도 마, 동정은 참을 수 없다."

　내 고함에 놀라 잠에서 깨어났다. 며칠에 한 번씩 찾아오는 이런 종류의 꿈은 어김없이 두통을 몰고 온다. 그리고 자의적 판단을 한다. 마지막 순간까지 도도하게 살라는, 조물주가 내게 주는 계시라고.

　전자시계는 새벽 3시를 가리켰다. 전기스탠드를 켜고 낮에 읽다 만 책을 펼쳤다. 낮에는 활자들이 나를 끌고 다녔다. 동네 골목길로 인왕산으로, 남대문시장으로, 동남아로, 영국으로 때로 전생과 후생까지. 두세 번 읽어도 인지 밖에서 맴돌던 구절들이 머릿속에 곱다시 들어와 앉는다. 고요한 밤에 하는 독서라야 능률이 오른다. 책에 몰입한다. 책 속의 인물들과 만날 때는 가면을 챙기지 않아도 된다는 사실이 생각할수록 신통하다.

얼마쯤 지났을까? 베란다 쪽 창문이 희붐해졌다. 창밖을 내다보니 젊은 여인이 목도리를 치켜올리며 아파트 정문을 총총히 벗어나는 뒷모습이 보인다. 그제도, 일주일 전에도, 아니 한 달 전에도 이 시각에 지나갔었다. 새벽일을 나가는 저 여인 아침밥은, 아니 가면은 챙겼을까? 얼굴 한 번 본 적 없는 여인이 안쓰럽다. 놀이터 옆의 외등이 꺼진다.

전화기가 울렸다. 밤이나 새벽에 울리는 전화 소리는 섬뜩하다. 어떤 음색으로 받을까. 냉큼 그럴듯한 가면을 찾으면서 손을 뻗는다. 숙모가 뇌출혈로 쓰러지셨단다. 오늘 우체국과, 국립중앙박물관을 찾을 예정이었는데 내 일정을 비웃듯 문병이 끼어들었다.

오늘 만날 사람들을 생각하며 색조화장을 짙게 하고 가면을 찍찍이처럼 늘여 붙인다. 거울을 보며 동서남북으로 달리려는 표정을 다독거리며 미소를 지어 보았다. 만일을 생각해 주머니에 가장 두껍고 질긴 야수 가면도 챙겨 넣었다.

현관 밖의 시간은 늘 채권자처럼 버겁다. 문을 나서며 오늘

역할을 가면에게 상기시킨다. 누구를 만나든 적절하게 해낼 거라고 엉너리를 치는 것은 자신이 없는 자신에게 던지는 다짐이다.

48킬로그램 육신에 얹힌 내 머리는 2~3킬로그램쯤일 게다. 이 조그만 머리의 일부분을 차지한 얼굴, 상황 따라 시시때때로 몇 개씩 바꿔 가며 가면을 써야 한다. 이런 얼굴이 애처롭다. 이 모두가 가면을 필요로 하는 세상의 속물들 때문이다. 아무리 생각해도 내 얼굴은 너무 무겁다.

존재 없는 존재

집에서 삼십 분 거리에 미술관이 있어도 자주 가지 못했다. 잡다한 일상에 얽매어 동동거리다 보면 하루가 후딱 지나고 저녁에는 마무리 못한 일 때문에 늘 가슴앓이를 했다. 변명이지만 느긋하게 작품 관람할 시간을 내기가 어려웠다. 생활과 자식 교육까지 책임지는 가정주부란 늘 종종거려야 한다. 자신을 위한 시간을 낼 수도 없고, 정년퇴직도 없는 평생 직업이 가정주부다.

어제 모처럼 시간을 내서 미술관에 갔었다. 홍익대 미대생들의 전시회였다. 대충 훑어보다 관심이 가는 작품을 다시 보았다. 화가에게 송구하지만 그 많은 작품에서 작가의 의도를 읽고, 영감을 전달받기에 내 안목은 턱없는 용량 부족이다. 회화에 대한 지식도 없다. 예술성은 더더욱 모른다. 내 미숙함만큼만 받아들일 뿐이다.

나는 다만 작품에서 풍기는 순수한 열정을 느껴보려 한다. 하나의 작품을 만드는 동안 겪었을 의식의 고통과 수고, 감미로운 성정을 생각해보는 것이 고작이다. 그런 작품들이 모여 웅성거리는 울림이 좋다. 작가의 혼들이 거니는 사이를 걸어보는 서늘하면서 성스러운 분위기를 좋아한다. 어쩌면 작가의 근처를 어른거리며 그 정신의 한 면을 살짝 엿보려는 욕심일지도 모른다.

한 작품 앞에서 멈추었다. 화면이 텅 비었다. 왼쪽에서 3분의 2쯤 되는 부분에 가는 녹색 줄기가 뻗었고 줄기에는 푸른 잎 하나와 반대 방향에 곧 떨어질 것 같은 누런 잎 하나가 아슬아슬 매달려 있다. 왼쪽으로 넓은 공간, 실루엣의 작은 항아리, 오른쪽 녹색 구도가 받쳐주어도 화면은 휑하니 넓어 보인다. 제목이 「존재」이다. 내 눈에는 존재가 아니 보이는데….

자세히 보니 정중앙 저 꼭대기에 해바라기 꽃잎이 서너 장 있다. 해바라기라면 고흐의 생명력 이글거리는 강렬한 노란색이 연상된다. 같은 해바라기를 놓고 이리 다르게 그릴 수 있다니. 서너 개의 꽃잎은 마치 입만 그린 영정 같다. 황당해졌다.

여섯 개의 전시실을 한 바퀴를 돌고 다시 「존재」 앞에 섰다. 왜 해바라기를 크게 그리고 풍성한 잎을 곁들이지 않았을까. 빈약한 줄기 하나를 그려 놓고 존재란 무겁고 관념적인 추상명사를 붙였는가. 보이는 존재보다 유추하는 존재가 큰 이유를 그리 표현했는가?

다음 방의 '붉은 고양이'라는 제목의 그림도 그렇다. 배경은 붉은색인데 정작 고양이는 흰색이다. 작가는 흰 고양이도 붉은색 배경에서는 붉은 고양이로 변할 수밖에 없다고 주장하고 싶었는지 모른다. 어깨부터 허벅지까지 뱃속 장기를 그려 사각틀 안에 넣고 자물통을 채운 여자는 장기의 자유가 머리서부터 발까지 모두의 자유와 부자유를 지배한다는 의미?

중·고등학교 시절 가을마다 경복궁에서 열리는 국전을 단체 관람했었다. 대부분이 사실파 그림이었다. 반질반질 윤이 나는 새까만 솥뚜껑에는 한 줄기 햇빛이 일렁이고 부뚜막 위에 걸린 굴비의 잔주름에까지 끼어들었다. 추상화로 넘어오며 그림의 세계는 점점 더 미궁 속으로 빠졌다. 요즈음에는 그림 외적인 의미에 심성이 간다. 이미지적 그림은 보는 사람의 상상력을 이리 잡아당겼다 저리 잡아당겼다 한다. 같은 작품을 보며 전혀 다른 상상을 하고 있다고 생각하면 소름끼치게 재미스럽다. 고견을 들어볼까 싶어 옆사람의 표정을 보니 무덤덤하다. 남의 머릿속을 들여다볼 수는 없는 노릇. 작품에 대한 그의 조언이나 평가를 감히 물을 수 없다.

어떤 미술평론가가 말했다. 그냥 색깔과 질감의 조화가 어울리는가를 보라고. 작품에서 어거지로 작가의 의도를 찾으려 하지 말라고. 음악을 몰라도 숲속에서 새의 음색과 리듬을 즐기듯이. 그러나 작가의 눈으로 봐야 진정 작품을 이해할 수 있지 않겠나? 작가의 의도와 감성이 일치해야 제대로 된 감상을 할 수 있을 텐데….

작가의 무의식을 작가나 평론가보다 대중이 먼저 잡아낸 경우도 있었다. 미국의 화가 휘슬러가 생각 없이 검정과 회색으로 그린 초라한 「어머니의 초상」이 미국과 유럽의 대표 어머니가 되고 어머니날의 '기념우표'가 되었다. 휘슬러가 의도하지 않았어도 얌전히 두 손을 모으고 앉은 어머니다운 어머니는 모든 사람들이 내 어머니로 인식했다는 것이다. 잠재된 무의식을 대중이 먼저 잡아낸 것이다.

15호 화면의 한복판을 차지하지 못한 해바라기. 전체를 보여주지 않아도 몇 장의 꽃잎으로 커다란 해바라기의 정열을 강조하고 있다. 어느 꽃보다 더 강렬한 존재를. 눈에 보이는 것은 사물의 한 면일 뿐이다. 나는 꽃의 완전한 얼굴만을 보며 아름답다고 생각했었다. 뿌리와 물관부, 체관부의 더 중요한 역할은? 밝은색으로 처리된 허공으로 뻗은 줄기 하나가 내게 외친다.

"존재한다!"

라고 당당하게.

보이지 않는 존재 많다. 의식하지 못하며 마시는 산소, 국민이 편히 잘 수 있게 보초 서는 군인과 경비원들, 장미 다발을 돋보이게 하는 안개꽃, 가장 낮은 음으로 다른 악기의 존재를 도움 주는 오케스트라의 바순 같은 존재(바순만의 오케스트라는 없어도 바순 없는 오케스트라는 없다.) 옆 존재를 돕는 것으로 자신을 빛내는 존재들이다.

누구도 대신할 수 없는 나의 존재. 혹 내생에서라도 똑같은 상황이라면 다시 다른 존재를 돕는 존재로 만족해야 한다고 생각했던 존재. 보일 듯 말듯한 희미한 존재.

어머니가 그렇다. 자신의 꿈 대신 가족을 통해 겨우 자신의 존재를 느끼는 존재, 평소에는 가족들도 자신도 늘 주부의 존재를 잊고 있다. 그 가벼운 존재가 때로는 무서운 결과를 가져올 수도 있다.

대리만족과 자아 사이에서 늘 갈등하는 나를 들켰다. 「존재」는 "나는 꽃잎이 넉 장뿐인 일그러진 해바라기, 그러나 어엿한 존재다"
라고 주장하지 않나.

오랜만에 좋은 작품을 감상하다 자기연민에 빠졌다. 누구도 대신할 수 없는 소중한, 이 우주 안에 꼭 하나만 존재하는 존재, 늘 잊기를 강요당했던 존재가 새삼스레 존재했다.

존재하지 않는 존재를 위한 축배를 들고 싶다. 존재를 의식하고, 내 존재를 위해 존재해도 좋을 나이다. 내 온몸의 세포는 새로운 활기로 가득 찬다. 내 존재, 이제는 뚜렷하게 존재하는 존재로 인식해도 될 것 같다.

고프다

　육체도 정신도 한창 성장해야 할 시기, 10살에 6·25전쟁을 겪은 나는 늘 배가 고팠다. 배만 고픈 게 아니라 머리도 고프고, 심장도 고프고, 팔다리도 고팠다. 내 몸의 1억 개도 넘는 세포들이 구석구석 다 고팠다. 내 코는 70%의 산소와 30%의 샤넬 넘버5 향수가 섞인 공기가 고팠다. 내 귀는 달콤한 밀어들이, 내 미뢰는 진수성찬이 고팠고, 내 팔은 넘치는 욕망들이 고팠다. 매번 공기만 움켜쥐는 내 손아귀에 잡을 수 있는 예술작품과 명작 소설들이 고프고, 정서를 풍성하게 안아줄 아름다움마저 고팠다.
　배보다 더 절실하게 고픈 것은 머리다. 우주만큼 넓은 지식과 교양과 위인들이 설파한 진리들이 고프다. 아리스토텔레스부터 헤겔, 칸트, 공자, 엘빈 토플러, 토인비, 소펜하우어, 단테, 파스테르나크, 헤밍웨이의 철학과 인생관들을 다 흡수하고 싶었다. 나는 천여 권의 책을 갖고 있지만 내 고픈 머리를 채우기에는 어림 반 푼어치도 없다.

고프다는 절대로 만족되어지는 본능이 아니다. 산다는 일은 고픈 육신을 채우려 내 밖의 것들을 잡으려고 안가님을 쓰는 허기의 손짓이다.

고픔을 해결하는 방법은 '먹다'다. 무엇이든 먹어야 고픔이 해결된다. 그리해 '먹다'라는 단어는 인간에게 지상 최고요, 가장 친밀한 단어다. 국어선생님은 칠판에 '먹다'라는 단어를 쓰셨다. 쑥향이 짙은 쫄깃쫄깃한 쑥인절미의 식감. 모양만 비슷한 떡집의 송편 말고, 솔향기 풍성한 송편, 은은한 막걸리 냄새를 풍기는 증편, 주로 궁중에서 해먹던 두텁떡, 흑임자편, 칠순의 무지개 떡, 등등 수많은 종류의 떡을 아갈잡이 시키셨다. 머리가 터질 지경이다.

먹고, 먹으면, 먹으나, 먹으면서, 먹으나마나, 그 변화무쌍한 어미변화들을 얼마나 맛나게 써먹느냐에 따라 우리말 실력이 늘어난다고. 먹고 돌아서면 또 먹을 걸 찾는 우리 십대의 머리는 포식했는데 배는 여전히 고팠다.

먹는 행위는 결핍감을 해결하는 가장 빠른 방식이다. 따라서 우리는 매일 무언가를 '먹는다'. 밥도 먹고(씹어서 삼키니 먹는다), 술도 음료수도 먹고(액체는 마셔야지), 담배도 먹고(피우다지), 귀도 먹고(청력이 떨어지고), 욕도 먹고(별걸 다 먹네, 배도 안부를 텐데), 챙겨야 할 것은 빼먹고(잊고), 색다른 말은 다른 사람에게 써 먹고(사용하고), 여자를 따먹고(강간하고), 서방도 잡아먹고(식인종인가?), 착하게 살자고 마음먹고(결심이겠지), 불가사리처럼 돈이나 쇠붙이도 뭉텅뭉텅 먹고(도둑질하고), 순진한 사람 등쳐먹고(사기치고), 권좌를 이용해 공금도 슬쩍 먹고(공금횡령), 챔피언 같은 개념명사까지 먹는다(홍수환 선수는 '엄마, 나 챔피언 먹었어' 했다). 우리는 모두 먹을 것, 못 먹을 것 따지기 전에 허겁지겁 먹는 병에 걸렸다.

KBS의 〈동물의 왕국〉을 보면 사자나 하이에나가 얼룩말이나 사슴을 잡아먹는 장면들이 많다. 허나 동물들은 배고플 때만 사냥한다. 사람들은 쌓아 놓기 위해, 욕심을 채우려고, 자식들에게 물려주기 위해 재물을 탐한다. '동물들은 살기 위해 먹는 것이고 사람들은 먹기 위해 산다'는 우스갯소리는 진리가 되었다. 나도 하루 세 끼니를 꼬박꼬박 먹고 때로는 간식도 먹는다. 1억 6천명이나 배 주리는 아프리카 아이들이 텔레비전 화면에 등장한다.

'내가 동물보다 우월한가, 내 고프다만을 생각하는 만물의 영장이?'

우리는 '자익권적(自益權的) 고픈 병'에 걸려 있다.

화분에 물을 주니 몬스테라는 커다란 잎을 흔들어대며 허겁지겁 빨아들인다. 화분에 심어진 식물은 움직일 수도 스스로 물을 찾을 수도 없다. 누군가가 해결해 주어야 결핍을 해소한다. 생명이 없다고 믿는 쇠붙이나 바위라고 고프지 않을까? 무생물이라고 부르는 그것들도 나름대로의 고픔이 있다. 바위가 비온 뒤에나 구름이 낀 날, 햇볕이 쨍쨍 비취는 날 색깔이 다른 것은 고픔의 정도 표현이다. 그들도 여느 생명체나

한 가지로 고프고, 고픈 걸 채우고 싶단다.

　결핍 신호 때문이다. 우리 뇌는 결핍에 민감하도록 생겨 먹었다. 매일 먹을 것을 찾아 헤매던 원시시대의 생존 전략은 수천 년이 지나면서 유전자로 자리매김 되었다. 허나 지금은 물자 풍년이다. 먹을 것도, 입을 것도 즐길 것도 과잉 상태다. 해도 결핍감은 굳건하게 건재한다. 결핍 신호에 더 적게라는 개념은 없기 때문이다. 조물주는 인간에게 먹어도 먹어도 배고픈 유전자 칩을 붙여 놓았다. 끝없이 자라기만 하는 인간의 욕망을 부추기는 본능을.

　어렸을 때 머슴의 밥사발을 보고 놀랐다. 사발 위에 또 하나의 사발을 얹은 고봉밥이었다. 그러나 머슴과 그적의 농사꾼들은 뚱뚱하지 않았다. 농사일이란 끝없이 움직이는 노동의 연속이다.

　지금은 뚱뚱보가 많다. 먹는 음식, 받아들이는 정보, 소유하는 물건 등이 모두 과잉상태다. 하니 의지박약한 사람은 보이는 대로, 욕구대로 먹는다. 거짓 고픔에 유혹당한 대가로 뱃살 줄이기에 법석들이다. 사회적 문제가 되어 버렸다. 보기 싫은 거야 눈을 돌리면 되지만 성인병이 늘어나고 의료비 재정이 고갈되는 것이 문제다.

　다만 엄마가 자식에게 '이것 먹어라 저것도 먹어 봐라'는 말은 '고프다'를 해결해주려는 의도만은 아니다. 다이어트를 방해하자도 아니다. '사랑한다'는 단어를 에둘러 표현하는 말이다. 이때는 '먹다'가 '사랑한다'와 동의어다.

'고프다'라는 단어를 승격시켜야 한다. 잠자는 현명함을 꺼내보자. '먹고 죽은 귀신은 때깔도 곱다'는 옛이야기는 보릿고개를 넘으며 자위했던 옛이야기일 뿐이다.
　고프다는 먹어서 좋을 것과 못 먹을 것 가려내고, 먹을 양을 적절히 계량하고, 절제할 것 챙기고 포식해야 할 것을 경계하라는 단어다. 지식, 인성, 도덕 교양 등에 고픔을 느끼는 것은 바람직한 일이다.
　'고프다'는 천박한 단어가 아니다. 천 가지 의미로 해석되는 최고 품격을 갖춘 단어다.

공기의 무게

 길고 가느다란 햇살이 창틈을 비집고 들어왔다. 너부죽 엎드렸던 실내공기가 벌떡 일어섰다. 동시에 바닥에 가라앉았던 먼지도 일어나 길고 가는 춤을 춘다. 할머니의 송화색 비단치마 무늬처럼 아른아른한 율동을 펼친다. 황홀하다. 이런 때의 공기는 연극배우다.
 공기는 자로 잴 수 없다. 필요한 만큼 덜어서 무게를 달아 보기도 어렵다. 부피도 잴 수 없다. 오존층과 지구, 또는 땅 밑 공기의 무게는 같은가 다른가. 혹 그것의 무게를 재어 볼 수 있는 방법이 있을까?
 내 아파트 스물여섯 평 공간의 부피는 얼마나 될까. 무게는? 50킬로그램 내 몸과 가구들, 장롱 안의 옷 틈새, 서른 개의 화분 사이, 싱크대 위의 접시들 사이, 4개의 냉장고 안 반찬통들의 틈새, 그 공간의 공기를 합하면 몇 킬로그램쯤 될까.
 세상에 공짜 점심은 없다는데 매일, 가장 많이 사용하는 공기의 대가를 한 푼도 치르지 않았다. 시세를 알아야 값을 치를 수 있지, 누구에게 얼마를 주어야 하나?

 조리사들이 식재료 무게를 달거나 계량스푼으로 덜어 쓰듯 공기도 그리 쓰면 좋겠다. 무나 두부처럼 필요한 만큼 썰어 쓸 수 있다면…. 애초부터 개개인에게 쓸 양(量)이 정해졌다면, 같은 양을 배당받았다면 덩치 큰 사람보다 체격이 적은 나는 더 오래 쓸 수 있겠지? 이런 '~같지도 않은 생각'도 해본다.

 만물의 영장 인간은 백 년도 못 산다. 태우거나 묻고, 주민등록에서 삭제되면 이 세상에 살았던 흔적이 없어진다. 하지만 만물의 영장, 인간은 죽더라도 혼은 공기에 희석되어 떠돌아다닌다. 혼은 불길도 피해가고 흙에 묻어도 썩지 않는다. 인간의 혼은 영원하다.

 김훈 작가가 쓴 요절한 김형도 시인의 조사(弔辭)는 애절했다. "다시는 인간으로 태어나지 말라. 축생(畜生)으로도 태어나지 말라. 다시는 생명 가진 것으로 태어나지 말고 그냥 가라."

 그의 요절이 얼마나 애통했으면?

 이중섭 화가의 혼은 죽은 후에야 자신의 작품에 어마어마한 값을 매기며 왈가왈부하는 세상을 내려다보며, 어떤 표정을 지을까. 울분일까, 미소일까, 안타까움일까, 아니면 냉소일까? 공기 중에 떠도는 혼을 강제로 소멸시키지 말아야 한다.

 집에서 10분 거리에 중남미문화원이 있다. 중남미 대사였던 이복형의 아내가 수십 년 모은 인디오들의 민속품들이 빼곡히 진열되어 있다. 아시아에는 이곳뿐이라 남미의 관광객이 자기네 옛 문화를 보러 이 박물관을 들른단다.

우리의 옛것과 너무 비슷한 그 물건들을 보고 있으면 '사람 살이는 동서고금이 비슷하구나'란 생각이다. 지구 반대편에서 수집해 온 물건들이 내가 어렸을 때 늘 보던 생활용품과 닮았다. 곡식을 까부르는 키, 가루를 치는 체, 농기구들이. 왕래도 없었고, 전화조차 없던 시절이다. 모르던 사람들이 모르는 장소에서 비슷한 기구를 쓰며 비슷한 생각을 하며 비슷한 방식으로 살다니. 그들과 우리가 지구를 둘러싼 같은 공기를 나누어 마셨다고?

인디오들은 이미 네 개의 우주가 생성했다 망했고, 현재 우주도 곧 망할 것이라 믿는다. 해서 한 가면에 전생과 금생과 후생을 미닫이 가면으로 꾸몄다. 축제 때 그 가면을 쓰고 미닫이를 밀었다 당겼다 하면서 전생과 이생과 내생을 드나든다. 성문법(成文法)이 무슨 소용이랴. 실정법(實定法)과 관습법, 모순 속을 헤매고, 매일 천국과 지옥을 오르내리는 기분으로 사는 오늘의 우리들보다 몇천 년 전의 그들이 더 현명했었다.

한쪽 구석에 인디오들이 쓰던 어깨저울이 있었다. 중심에서 같은 거리에 여섯 줄의 사슬이 한 발 가까이 늘어졌고, 물건을 놓는 양쪽 접시에는 똑같은 냄비를 얹어 놓았다. 늘어진 여섯 개의 줄 가운데 한 줄이 파르르 떨고 있었다.

'관람객 소리들과 발소리의 진동 때문이겠지.'

한 바퀴를 돌아서 다시 저울 앞에 섰다. 아무도 없다. 개미나 바퀴벌레도 기어 다니지 않는데 구리사슬 여섯 줄 중에 한쪽, 그 한쪽의 석 줄 중에서도 한 줄만 공기를 놀리고 있다.

세밀하게 떠는 줄이, 짝짓기를 못한 늦가을의 매미 같은 애절함, 스물네 시간을 울어야 하는 벙어리의 호곡(號哭) 같았다.

저게 혼자서 흔들릴 리 없다. 공기가 자신의 존재를 과시하려는 짓거리다. 공기에도 분명 무게와 부피가 있다. 이성과 수평을 맞추려 용을 쓰는 보이지 않는 감성의 무게 때문일 게다. 덥석 붙잡아 고정시키고 싶은 충동이 일었으나 손을 멈추었다.

"저 떨림은 아무도 그치게 할 수 없다. 공기의 연출을 누가 감히 그치게 하랴."

공기, 평소에 우리는 잊고 산다. 존재하지 않는다며 존재하기에. 바늘구멍만한 빈틈을 쫓아다니며 메우기 바쁘다. 다른 물질과 혼합할 때나, 회오리바람이나 태풍이 몰려오면 그 위력을 실감할 수 있다. 물건을 부식시키고 곰팡이꽃을 피운다. 고무풍선을 부풀리고, 하리케인도 만든다. 뜀박질하는 동물 힘들게 하고, 숨을 콱 막아버리기도 한다.

공기의 무게? '크다, 적다, 무겁다, 가볍다, 길다, 짧다' 누가 말할 수 있으랴. 이성과 감성의 시소 놀이다. 그것은 공기를 느끼는 순간의 각자 감성 지표(指標)가 아닐까?

장조의 진혼굿

절과 교회에 다니는 사람은 진실한 신앙인으로 보인다. 그러나 어설픈 지식인들은 무당은 미신이란다. 만신들이 발붙일 곳조차 없게 만들었다. 구경 중에 가장 신나는 것이 불 구경과 싸움 구경이라지만, 불 구경이나 싸움 구경은 자주 볼 수 있어도 굿 구경은 가뭄에 콩 나기다. 희소성이 크니 구경도 멋지다.

굿은 종교가 아니다. 종교가 갖추어야 할 어마어마한 카리스마도, 거대한 조직도 없다. 굳이 종교로 분류한다면 천신, 지신, 산신, 동네 어귀의 느티나무신, 터줏대감, 부엌의 조왕신 등 모든 사물에 깃든 신성을 섬기는 종교다. 우주의 원리를 물질 자체의 본질에서 찾는 샤머니즘의 일종이다. 세상에 퍼져 있는 모든 종교가 샤머니즘과 맥락이 닿았다면 좀 억지일까?

굿은 풍류요, 잔치다. 굿자리에서는 점잖은 어른도 방정떨고, 엉덩이 들썩이는 아이도 진득하고, 지나던 길손도 기웃거린다. 누구나 대동굿에서 집안의 평안을 빌고, 남의 재수굿에 걸립하고 소원을 빌 수 있다. 비용도 추렴하고 일손을 거드는 것도, 복떡을 얻어먹는 재미도 쏠쏠하다. 같이 웃고, 함께 먹고, 신나게 떠들며 화합을 다지니 이보다 좋은 공동놀이는 없다.

2007년 7월 12일 오후 6시. 화성 행궁 앞에서 수원시에서 주관하는 사도세자의 진혼굿이 벌어졌다. 3일 밤새우며 열두마당을 노는 큰굿은 아니다. 3시간에 끝나는 진혼제다. 산청울림에서 상산부군맞이, 초부정림, 제석굿, 성주굿, 타살군웅굿, 별상거리, 일월맞이, 진혼굿, 작두거리에서 끝나고 뒤풀이 마당굿이 있다고 한다. 혼 부르기와 작두거리가 가장 볼 만하리라고 저녁 대용으로 빵과 물을 사들고 가서 맨 앞자리에 앉았다.

만신들이 섬기는 울긋불긋한 대감들이 정면에 자리를 잡았다. 명과 복을 주는 맞이들의 의상도 횟대에 걸렸다. 십 미터도 넘는 긴 상에 칠색 과일과 오색 떡이 떡 벌어지게 진설되었고, 한쪽에 사도세자의 제사상도 차려졌다.

칠금령을 든 무당이 산청울림굿을 시작했다. 무대를 돌면서 주변을 깨끗이 정화시키고, 하늘과 땅에 굿이 시작됨을 알린다. 딸 무당이나 새끼무당 몫이다. 정성이 부족하더라도 용서하시고, 흠향하고, 즐겁게 노시다 가시라는 청신(請神)이다. 사만이 신화도 줄줄이 나열했다.

오신(娛神) 과정은 기예다. 세습무의 것보다 강신무의 기예가 더 스릴 있다. 날선 칼을 입 속에 넣고 빙글빙글 돌렸다. 혀를 내밀어 칼날로 긋고, 팔뚝을 긋고, 허벅지를 그었다. 악공이 나팔과 징, 북과 장구로 휘모리 가락을 치면 접신한 만신은 무아경에서 팔짝팔짝 뛰었다. 자기 키를 넘을 만큼 높이 뛰어올랐다. 뛰고 나서 삼지창에 갈비짝을 꽂았다. 삼지창 가냘픈 대에 통돼지도 꽂았다. 구경꾼들이 박수치며 만원짜리를 걸립했다. 치병, 치재, 건강, 생남, 입신양명, 무운을 빌며 절하고 또 절했다.

진혼굿의 주도는 중요무형문화재 82-나호 김금화 만신이었다. 무당은 천민 중에서도 가장 천한 대우를 받는 팔천이다. 배고픈 시집살이를 겪다가 도망해서 외할머니에게서 신내림을 받은 강신무이다. 이제는 신과 인간을 이어주는 대한민국 제일의 만신이다. 이분의 굿을 언제나 볼 수 있으려나 기다렸었다.

이북에서 월남한 무당들이 신분을 감추고 장사를 하거나 점쟁이로 변신해 돈을 벌어도, 새마을운동 직원과 부녀회원들이 번갈아 와서 신당을 때려부셔도 혼자 꿋꿋하게 황해도 전통무속을 지킨 분이다. 다른 것은 아무것도 못하고 오직 굿만 잘하는 만신, 죽을 때까지 굿만 해야 하는 운명적인 만신이다.

숨겼던 재능은 전국민속경연대회에서 대상을 받으며 인정받았다. 1982년 조자용 교수의 초청으로 '한미수교백주년기

념공연'을 하고 나서야 인정을 받았다. 각국 민속놀이에 조자용 교수가 굿을 하자 했을 때 영사관 직원들이 두손두발 들며 만류했단다. 굿에 대한 인식부족이었다.

"국가 망신시킬 일 있습니까?"

그 말이 무색하게 김금화 만신은 넘치는 신기로 관중을 휘어잡았단다. 외국인은 작두 위에서 맨발로 춤추는 신기를 보고 환호성을 질렀단다. 뒤풀이마당에서 관객을 무대 위로 끌어올려 쾌자를 입히고 함께 춤추게 해서 관람문화에서 참여문화로 발전시켰다. 그날 공연된 여러 나라의 민속공연 중에 가장 신명나는 판이라는 평을 얻었단다. 덕분에 우리 것에 대한 외국인의 인식이 달라졌다. 우리 것이지만 무식하다는 소리 안 들으려고 외면했던 우리의 무속에 대한 인식도 달라졌다.

김금화 만신은 '대구지하철참사진혼굿', '통일기원제', '월드컵기념대굿', '서해안 풍어제와 독일 코리아패스티벌', '파리가을축제', '중국국제나희문화축제', '로마 교황청'에서도 공연한 국제적 만신이다.

정조는 효장세자(사도세자의 이복형)의 뒤를 이어 등극했다. 첫마디가

"짐은 사도세자의 계승이다"

라고 일갈했다. 양주 배봉산에 묻혔던 아버지를 용이 여의주를 희롱하는 화산의 명당에 모셨다. 13년 걸려 25만 평을 닦아 역대의 왕릉처럼 꾸미고, 혼을 모신 용주사도 여느 왕의

양식대로 지었다. 일 년에 두 번씩 아버지를 찾아 호곡하다 혼절하곤 했었다.

묘역에 송충이가 생기자

"내 아버지의 시신을 갉아먹으려느냐, 차라리 내 속을 갉아먹으라"

하고 산 송충이를 삼키고, 뒤주 속의 갑갑함을 생각하고 정면에 세워야 할 정자각을 비껴 세운 것도 남다른 효심이었다. 아버지의 혼을 위로하고 싶은 심정이야 간절했어도 국시에 어긋나는 진혼굿은 못했을 것이다. 그가 252년 동안 구천을 맴돌았을 아버지의 혼을 얼마나 한했을까?

혼 부르기가 낭랑하게 흐르니 드디어 사도세자의 혼이 김금화 만신의 몸으로 들어왔다.

"괘씸한 놈들, 물, 물, 물 좀 다오, 이 괘씸한 놈들."

엉금엉금 기면서 무대바닥을 손톱으로 후벼팠다. 눈동자가 벌겋게 충혈되어 돌아가고 입에 게거품이 물렸다. 분노다, 절망이다, 절망의 끝자락이다. 아버지가 아들을 뒤주에 가두어 죽인 일이 또 어느 세상에 있을까? 좁은 공간에 갇혔던 혼이 지금 세상 구속을 다 벗고 훨훨 날아갈 모양이다. 나도 그 혼의 명복을 빌어주었다.

드럼통 위에 물동이가 놓이자 분위기가 한껏 달구어졌다. 악공은 숨넘어가게 자지러진 템포로 신기를 부추겼다. 76세의 만신은 사다리를 타고 올랐다. 맨발로 작두에 올라 동서남북 사방에 대고 공수했다. 나도 뛰어나가 흩어진 쌀 몇 알을 주워 왔다. 서너 알씩 밥에 넣을 작정이다.

송신(送神) 후에 쪽을 진 김금화 만신이 무대로 나왔다. 현모양처형의 조신한 조선 여인차림이다.

"대한민국이 평화롭고, 정치인과 학자, 예술가의 일이 잘 풀리고, 수원시가 날로 발전하고, 그리고 여기 모인 분들의 안녕과 건강을 빌겠습니다. 종교가 다르면 어떻습니까, 이렇게 화합의 자리가 계속되면 어떤 어려움이 우리의 앞을 가로막겠습니까?"

육십 년 한 우물을 파고 나면 저리 지혜가 트이나 보다. 이리 멋드러진 인사를 할 수 있는 여인을 누가 무식하다 할까?

11시 뒤풀이마당이다. 한 마당씩 기량을 보이던 보조 만신들도, 점잖빼던 공무원, 악공과 구경꾼들, 굿 연구회원과 카메라를 든 작가도, 호기심 많은 코 큰 외국인도 덩실덩실 춤을 추었다.

하늘의 별들이 총총했다. 공수다, 앞자락을 펼쳤다. 싱긋이 웃는 큰 별, 1762년 아버지 손에 죽고 1776년 아들에 의해 해원된 장조의 혼이 이제는 편안하게 쉴 수 있으시겠다.

그 옆에 반짝이는 작은 별 하나, 삼십삼 년 전, 열 달 태안에 품었다 가슴에 묻은 내 외아들이다.

"엄마?"

평소 어느 분위기에도 흠뻑 빠지지 못하는 성격이다. 36.2도의 낮은 체온을 지닌 내가 쾌자를 입으니 팔이 올라갔다. 열한 살 힘이 없어 아버지를 지키지 못한 아들, 빈손이어서

아들을 살리지 못한 어미의 한은 같은 농도의 아픔이다.

덩더꿍덩더꿍, 떠꿍떠꿍 떵더꿍. 피리와 장구가 찰지게 심금을 울린다. 눈물은 흐르는 대로 흐르게 놔두자, 춤을 추자. 아들의 진혼굿을 하고 싶던 나도 두 팔을 휘저으며 춤을 추었다.

> *사만이 신화; 사만이는 조실부모했다. 이집 저집 다니며 동냥으로 자랐다. 어찌어찌 장가는 들었으나 가난했다. 나무를 해다 팔아서 살았다. 어느 날 나무하러 갔다가 산속에서 해골 하나를 주웠다. 조상을 모르던 사만이 그 해골을 조상이라 생각하고 집에 모셔 제사를 드렸다. 그 후로 살림이 늘어났다. 서른 살 어느 날 밤에 꿈을 꾸었는데 하얀 할아버지가 나타나
> "자손이 없는 내게 제사를 잘 지내주어 고맙다. 네가 내 아들이다. 내가 시키는 대로 해라. 네 명이 삼십이라 내일 모레 저승사자가 너를 잡으러 올 게다."
> 고 일렀다. 시키는 대로 마을밖에 짚신과 띠를 준비했다. 큰 굿상을 차리고 저승사자를 맞아 잘 대접했다. 배부르고, 새 신 신고, 새 띠를 두르고 마음이 흡족해진 저승사자가 돌아가서 삼십의 十자 위에 획 하나를 삐쳐 그어 일천 千자를 만들었다. 사만이는 삼천 살까지 잘 살았단다. 엉터리 신화지만 아주 엉터리만도 아닌 것이 지극한 정성을 들여야 복을 받을 수 있단다. 어느 굿에나 꼭 곁들이는 신화이다.

뛰어야 하는 병

20세기, 인간의 병은 백여 가지였다. 21세기에는 삼천육백 가지란다. 사람살이가 복잡해지니 병도 따라서 다양하고 복잡해졌다. 이름도 처음 듣는 희한한 병도 있다. 그 수많은 병 중에 모두들 암을 가장 두려워한다. 그러나 노인들은 치매를 가장 두려워한다. 하지만 암보다, 치매보다 더 무서운 병이 있다, 우선 뛰는 질병이다.

너도 뛰고 나도 뛴다. 모두들 뛴다. 뛰지 않으면 살아남을 수 없다고 뛴다. 뛰고 싶지 않은 사람까지 부추김에 시달려 덩달아 뛴다.

아무리 부자라도 죽으면 관 속에 십만 원 한 장도 넣어가지 못한다. 가져간들 저승에서는 쓰지도 못하는 종이쪽지다. 타고난 재능을 살릴 생각보다 남 위에 서서 호령하겠다, 넘어진 사람을 짓밟아야 하는 헛된 권력을 향해, 인생은 즐기는 것이라고 말초적 즐거움만 탐하는 사람들, 어려운 이웃을 비아냥

거리기만 하는 사람들, 자신의 흙수저 시절을 금수저 행세로 보상받으려는 사람들, 외모로 사람을 평가하는 사람들…. 우리의 인성과 도덕성과 공동 예절은 세계 하위 1위이다.

민주주의 과정을 거치는 동안 우리나라 대통령들은 불행한 노후를 지닌 사람이 많았다. 총살당하고(박정희 대통령), 자살하고(노무현 대통령), 감옥살이 하고(전두환, 노태우 대통령), 쫓겨난 대통령(박근혜, 윤석열 대통령)도 둘이다. 열두 명 중 반이나 불행했던 대통령들, 한데 그 자리를 차지하겠다고 법석들이다. 지금은 대선을 앞이다. 텔레비존 화면이 대선 후보들로 도배를 한다. 불행이 예고된 그 자리에….

한 어부가 게를 잡아 바구니에 넣었다. 게들은 밖으로 탈출하려고 기를 쓰고 바구니를 기어 올랐다. 지나던 사람이

"거 바구니에 뚜껑을 덮으쇼. 애써 잡은 게들이 다 도망가겠소"

하고 일러주었더니 어부는

"아니, 이놈들은 꼭 정치하는 놈들과 성정이 같아서 한 놈이 기어오르면 바구니 위로 오르기 전에 다른 놈들이 기어코 끌어내리고 말지."

했다. 그는 고기만 잡을 줄 아는 어부였다.

근린공원에서 88세의 노파를 만났다.

"더위에 잘 지내셨어요?"

"아니, 만성두통이야. 나는 조용히 살려는데 주위에서 내 신경을 자꾸 건드려서. 나라도 대통령이 돼 바로잡고 싶지만

뛰어야 하는 병 155

머리 아파서 이번엔 대통령 후보에 출마 안 할래. 동생, 출마 할 거야?"

"형님, 나도 이번엔 출마 안 할 거예요."

지나던 젊은 남자가 가소롭다는 표정으로 피식 웃었다.

'노파들하곤….'

도가(道家)의 대표적 인물인 장자(莊子)의 내편(內篇) 소요유(逍遙遊)에서는 무기(無己), 무공(無功), 무명(無名)의 경지가 절대자유라 했다. 이 경지까지 오른 사람은 성인(聖人)이나 신인(神人)이라고 할 수 있다. 아무나 성인이 될 수는 없다. 그래도 그 절대자유를 바라기하는 것은 하고 싶은 일이다. 팔십 년을 살다 보면 못난 맛으로 사는 재미도 쏠쏠하다.

'깜냥도 못 되는 자유가 진짜 자유다, 당신이 우리들의 자유를 알아?'

나는 그의 뒤통수에 대고 쏘아붙였다. 물론 입속말로.

톨스토이의 『인간에게 얼마나 많은 땅이 필요한가』에 나오는 주인공 파홈은 땅에 대한 집착이 유난했다. 땅이 지상 최고의 목표였다. 남의 땅을 얻어 소작하던 파홈은 절약을 해서 작은 땅을 마련했지만 만족하지 못했다. 싸고 기름진 땅이 있다는 어느 나그네의 말을 믿고 먼 타향으로 떠났다.

악마와 촌장의 telepathy(정신감응)가 통했다.

"이 들판이 다 우리의 땅입니다. 당신이 원하는대로 가지시오."

촌장은 곡괭이로 표시한 땅은 모두 그의 것이라고 약속했다. 다음날 아침 털모자를 출발 표시로 삼아 파홈은 곡괭이를 들고 뛰기 시작했다. 한낮이 지나자 놋젓가락도 녹여낼 햇볕에 땀이 줄줄 흘러내렸다. 그는 열심히 뛰며 자신의 땅을 돌아보았다. 해는 서쪽으로 기울고, 몸도 지쳤으나 앞에 보이는 기름져 보이는 땅을 포기할 수 없었다. 파홈은 그 땅도 탐이 나 더 넓게 뛰었다. 그는 지칠 대로 지쳤다. 이를 악물고 뛰다가, 발을 끌며 걷다가, 비척비척 겨우 목표인 모자를 찾아왔다. 드디어 털모자에 손이 닿았다. 그리고 쓰러졌다.

파홈의 머슴이 달려가 주인을 일으키려고 했지만 파홈은 이미 피를 흘리며 숨이 끊어져 있었다. 머슴은 6척의 구덩이를 팠다. 그리고 그 구덩이에 파홈을 묻었다.

뛰는 행위는 자기 능력 이상의 기력을 쏟는 일이다. 뛰는 사람들은 종류가 여럿이다. 계산해 보고서야 뛰는 사람, 계산기 들고 뛰면서 이익과 손실을 따지는 사람, 뛸까 말까 망설이다 포기하는 사람들이다. 파홈은 뛰고 나서야 후회하는 인종이었다.

경쟁만이 지상최대의 과제가 되었다. 우리는 지난 보릿고개보다 훨씬 더 높은 경쟁고개 앞에 섰다. 누구보다도 더 넓은 아파트에 살아야 하고, 더 고급 차를 타야 하고, 더 많이 재산을 모아야 한다. 입시생들의 밤샘공부도 진리 탐구나 지혜를 축적하려 함이 아니다. 오직 남의 위에 서기 위한, 또는 경쟁에서 이기려는 수단이다. 똑똑한(?) 사람들 거의가 명예, 권력, 재물, 쾌락을 향해 '뛰는 병'에 걸렸다. 좌우를 기웃거리며, 뒤돌아보는 일은 나 같은 멍청이나 하는 짓거리다.

 뛰는 병, 민주주의가 추구하는 것이 경쟁이지만 민주주의의 최종목표는 아니다. 21세기 삼만 육천 가지가 넘는 병중에서 가장 고약하고, 공포스러운 질병이다.

홀딱 벗고

어제와 똑같은 소리가 오늘은 다르게 들린다. 내 감정의 변화 때문이다. 같은 새소리도 서양의 새는 노래하고(song, or playing), 우리의 새는 운다(cry). 서양인은 긍정적 인생관을 가졌고, 우리는 쓰디쓴 역사를 겪으며 부정적 사상이 강하기 때문이다.

동양인인 내가 들으면 새소리는 노동가요의 읊조림이다. 힘들고 우울한 감정도 청량한 새소리에 날아간다. 소쩍새의 소리는 배고픔을 노래함이요, 짝을 찾지 못한 저녁나절의 산비둘기는 미련하게 같은 음만 두드리는 같은 박자의 큰 북소리다. 뻐꾸기의 사촌 검은등뻐꾸기의 울음은 좀 유머러스하다. 미,미,미,도의 음정에 네 박자 가사다. 노동요의 박자다.

섬진강 시인 김용택은 술집 주모가 듣는 「검은등뻐꾸기 — 홀딱 벗고 새」의 울음이다.

홀딱 벗고, 건너마을 덕배 아범,
홀딱 벗고, 삼년 묵은 술값 갚어

머슴에게는 이리 들린단다.

홀딱 벗고, 가리비 한 짐 지고
홀딱 벗고, 개천 건너 밭 갈았으니
홀딱 벗고, 마님 장가보내주

시집살이에 지친 새댁에게는

홀딱 벗고, 삼베 고쟁이 부엌 문턱,
홀딱 벗고, 사타구니 다 벗겨지니
홀딱 벗고, 시어머니 곳간 열쇠 넘겨주소

박자가 잘 맞는다. 서러운 삶의 정서에도 잘 맞는다. 근질근질하던 창자를 시원하게 긁어준다. 검은등뻐꾸기는 누구나의 서러움을 달래주는 친구다.
어느 선승(禪僧)의 울음은 아주 처연하기까지 하다.

홀딱 벗고 미움, 욕심
홀딱 벗고 허상(虛想) 망상(妄想)
홀딱 벗고 정진하라

홀딱 벗고 성불하라

그것은 운명이었다. 열심히 정진해 미륵불이 되려던 젊은 스님이, 어느 날 남편의 49제 올리는 아름다운 과부를 보았다. 그 여인이 눈에 박혀버렸다. 목탁을 두드리면 여인의 목소리가, 불경을 펼치면 여인의 자태가 등장하고, 대웅전의 부처마저 여인의 얼굴로 보였다.
"아제아제 바라아제 물러가라, 허상이여"
외치며 머리를 흔들었다. 망상은 육신과 함께라야 사라지기 일쑤다. 스님은 상사병으로 시들어가다 저승에 갔다. 검은등뻐꾸기 몸으로 들어간 스님의 혼, 절친하던 동료 스님이 당신 같은 오류에 빠질까 염려되어 절 뒤 나뭇가지에 앉아 목구멍에 피멍들도록 소리친다.

홀딱 벗고, 정진 또 정진하라
홀딱 벗고, 나처럼 되지 말고

옷이야 하루에도 몇 번씩 홀딱홀딱 벗는다. 샤워하려고 깨벗고, 외출복으로 갈아입으려 벗고, 잠옷으로 갈아입느라 벗고…. 옷 벗기는 쉽다. 허나 머리와 가슴속에 꽉 찬 욕망과 허상은 죽는 순간까지 벗지 못할 수 있다. 필부필부(匹夫匹婦)는 그중 몇 가지를 내생까지 끌고 간다.
신과 동물의 중간쯤 된다는 사람, 허나 신보다는 동물 쪽으로 조금 더 기울어지려는 성향을 지닌 인간은, 늘 실패하고 나서야 실수를 깨닫는다. 일생을 허상과 욕망이란 공으로 피구놀이만 하다 아까운 시간 다 허비한다. 인간의 가장 큰 비애다.

미륵불 되어 중생을 구제하려던 스님도 죽어서야 그걸 깨달았다. 검은등뻐꾸기는 목구멍이 찢어지는 혼의 피울음을 운다. 아마 내일도 모레도 내년에도, 후년에도 쉬지 못하고 울게다. 그의 중단한 성불기도를, 동료를 위한 염려를.

　　홀딱 벗고, 목에 걸린 갈망 허상
　　홀딱 벗고, 질펀한 번뇌 깨벗고

매 순간 홀딱홀딱 벗고 싶다. 그러나 벗어지지 않는 것들이 나를 고민에 빠뜨린다. 고민한다고 해결되지는 않는다. 그러나 고민까지는 해야 한다, 인간이기에.

고민에 빠진다, 오늘도.

물방울무늬 넥타이

 어제는 한여름날 치고도 더웠다. 전철 개찰구를 빠져나오니 길 건너편에 마을버스가 보였다. 놓치면 이십 분을 또 기다려야 한다. 깜박거리기 시작하는 파란불인데 횡단보도를 뛰어 건넜다.
 기사는 칠십대 할아버지다. 물방울무늬 넥타이의 정장 차림이었다. 버스에 오르는 승객에게 일일이 목례를 건넸다. 매일 버스를 타고 다녔지만 이런 예우는 처음이다. 모처럼 횡재한 기분이다. 가납사니 여자가 전화에 대고 큰 소리로 떠들다 기사의 인사를 받고 냉큼 손으로 입을 가렸다.
 재불 작가 김창열 화백은 물방울의 신비함에 끌려 30년 동안 물방울만 그렸다. 물방울은 산스크리트어로 '수나(零)'다. 평면이 평면으로 보이지 않는다, 공(空) 사상을 뒤집어쓴 유리구슬이다. 한참 들여다보면 물방울들이 뱅글뱅글 돈다. 보는 사람 눈동자도 물방울 따라 돈다.

버스 율동만큼 버스 안의 사유도 춤춘다. 고드름을 타고 내리는 물방울이나 풀잎 끝에 매달린 이슬방울은 곧 떨어질 기세이다. 작은 방울이 자라서 임계점에 이르면 떨어진다. 떨어지기 위해서 몸을 키우는 셈이다. 모든 생명체들이 다 그렇다. 사람도 자라나 정점을 찍은 뒤 쇠약해져 사라진다. 직선으로 요약하면 만물이 사라지기 위하여 성장하는 셈이다.

스카프나 원피스에 물방울 문양이 많이 이용된다. 그 문양이 애초부터 둥글지는 않았을 게다. 삐죽삐죽 날선 모서리를 누군가가 망치로 두드리고 정으로 쪼아서 둥글렸을 게다. 작은 초리까지 매끈하게 연마했을 게다. 물방울의 둘레를 항하사(恒河砂)를 외치며 샌드페이퍼로 갈았을 게다. 그리 동그래졌다. 그 보이지 않는 능력의 표면이다, 물방울이란.

문양의 줄맞춤은 연병장에 줄 선 군인같이 절도 있다. 가로로 세로로, 오른쪽 사선이나 왼쪽 사선으로, 삼백육십 도를 돌려가며 훑어보아도 깍듯한 정렬이다. 견고한 내재율에 숨이 막힐 지경이다.

그 숨막힘을 터주는 것이 찌그러졌거나 염료가 덜 묻어 한쪽 귀퉁이가 떨어져 나간 원이다. 그건 별나게 눈에 확 들어온다. 기존 가치관을 뒤엎으며 창조성을 살렸던 사상가, 발명가의 변별력같이. 하니 물방울의 찌그러짐은 모자람이 아닌 천재성이라 믿고 싶다.

찌그러진 원은, 변별을 장애로 밀어붙이는 것이 싫었을 게다. 언제나 무리에서 이탈할 음모를 꾸민다. 떨어져 나오려

발버둥 치면 보이지 않는 손이 냉큼 붙잡아 주저앉힌다. 불편하기 짝이 없는 진실이다.

개체의 찌그러짐은 때로 변별력이요 때로는 멋이다. 내 미술 시간, 고무도장으로 찍어 놓은 연속무늬는 혹간 간격이 틀리거나 각이 삐뚤었다. 개교기념일 마스게임의 일사불란한 동작에서도 무의식으로 살짝 이탈한 동작이 나왔었다. 어른들이 뒷밭에서 수밀도를 한 소쿠리 따다 놓고 손대지 말라고 했다. 하지 말라면 한 번 더 해보고 싶은 인간의 본능을 일곱 살 호기심이 어떻게 참아?

어른 몰래 하나, 둘, 셋, 넷 찍었다. 속살의 말랑거림이 손가락 끝에 묻었다. 살짝 찍었는데 물방울 자국은 점점 커졌다. 따라서 가슴에도 물방울 멍울이 생겼다. 촉감이 생생한 검지를 뻗쳐들고 하늘을 쳐다보니 동그란 눈물방울이 맺혔다. 야단을 맞게 생겼다. 일곱 살은 아이에게는 호기심이 한없이 성장하는 얄망스러운 나이, 어른에게는 얄미운 나이다. 나는 미운 일곱 살이었으니.

교차로를 여덟 번 건너고, 네 번 돌면 2차선이다. 여느 기사는 여기서부터 브레이크가 고장이라도 난 듯 달렸다. 빨리 종점에 가서 쉬면서 담배 피우려는 속셈이다. 한데 물방울 타이의 기사, 건너는 사람 없는 일곱 개의 신호등 앞에서도 꼬박꼬박 차를 세웠다. 차에서 내린 할머니가 방향 잡는 것을 확인하고 출발했다.

껑충거리던 사유는 엉뚱한 방향으로 튄다. 미세한 원이 일

물방울무늬 넥타이

렬로 늘어서면 선, 선을 연결하면 글자나 도형이 된다. 원은 선의 시작점이다. 문장은 작은 원들의 집합인 선으로 시작해서 원으로 끝맺음을 한다. 수많은 원과 선을 그으며 둥근 마침표를 찍어야 끝난다. 문장 중간에 찍는 쉼표도 꼬리 달린 원, 다듬잇방망이 비슷한 느낌표의 아래쪽에도 물방울이 달렸다. 아물지 못해 입 벌린 원의 아래쪽에 작은 원을 붙인 건 물음표다. 소표제 뒤에 간단한 설명을 붙이는 쌍점은 두 개의 원이 나란히 정렬했다.

버스 안의 공기 입자도, 코와 입으로 침입하는 먼지도, 생명 시작의 원자까지 원이다. 바닷가의 자갈과 모래들도 원을 닮으려 매순간 자신을 둥글린다. 강의 다리나 장미 덩굴이 기어오르는 아치도 싸이클로이드 곡선이다. 미쳐 아물리지 못한 미완성의 원이다.

"물질의 본질은 물이다"

라고 갈파한 탈레스도 원에 관하여

"만물의 형태는 원이다"

라고 말했을 것 같다. 물을 포함해 존재하는 모든 입자가 다 원이니.

닷새 전의 사십대 기사 차림은 반바지 아래로 시커먼 털을 노출한 채 맨발에 슬리퍼였다. '내가 이런 일 할 사람이야? 인재가 세월 잘못 만났지. 하룻밤 술값밖에 안 되는 월급을 받으며 1100원짜리 승객에게 서비스는 무슨 얼어 죽을…'라는 대자보를 이마에 붙였다. 슬리퍼 틈새로 보이는 무좀도 그렇다. 같은 월급을 받고 일하는 사람의 태도가 이리도 다를 수가….

오늘 칠십대 기사 목에서 그네뛰기 하는 물방울 문양은 '운전도 삼복에 넥타이 맬 만큼 소중한 일이다'라는 대자보다. 그도 젊은 나이에는 안 그랬을지 모른다. 일흔 살 즈음에는 인생살이의 생로병사를 연속문양의 가역변화를 감지할 수 있을 게다.

물방울 문양의 배열들은 사슬이 되기도 한다. 화성 연무대 뒤의 담장은 하나의 원에 네 개의 원이 철조망같이 얽혀 있다. 무릎 위의 잉카인 감자꽃 문양이 찍힌 보조 가방도 그렇다. 완자문이나 쪽매붙임을 대하면 붙잡는 힘이 더 크다. 슬그머니 항심이 솟는다. 놓는 힘이 발동한다. 두 손을 활짝 펴 손가락 틈새의 공기까지 놓고 싶다.

지구라는 거대한 원의 테두리 한 점을 밟았다. 초속 465미터로 자전하는 지구에서 떨어지거나 머리를 땅에 박고, 다리를 하늘로 뻗치지 않으려고 바둥거린다. 만유인력과 연속문양의 작용으로 내가 존재한다. 나는, 우리는 모두 연속무늬의 쪽매맞춤의 정리로 존재하고 있다.

버스는 예정보다 7분 늦게 집앞 정거장에 섰다. 제 뱃속에 들었던 수십 개의 뇌들이 어떤 생각을 품었는지 알 리 없는 버스, 캥거루처럼 방귀를 뀌며 달아났다. 매연의 매캐함이 확 얼굴을 덮쳤다. 궤도를 이탈했던 내 머릿속 원도 사라졌다.

4부

항뮬러관호르몬
탈 4등 맞아요
4차원 세계를 다녀오다
선생 딸과 학생 엄마와
손가락들의 수다
만원짜리는 만만해
지병과 오답 사이의 거리
38년 만에 되찾은 향

항뮬러관호르몬(AMH)

 항뮬러관호르몬은 여성의 난자를 둘러싼 난포과립막 세포에서 분비되는 호르몬이다. 여성은 한 달에 한 번 월경을 한다. 월경은 임신 가능의 증표다. 유전과 영양섭취, 생활습관에 따라 개인차가 있지만 항뮬러관 호르몬은 대략 13세 정도에 분비를 시작한다. 여느 호르몬보다 먼저 퇴화해 50세 전후해서 멈춰버린다. 임신을 못하는 여인들이 산부인과에서 항뮬러관 검사 해보고 치료를 받아 임신에 성공할 수도 있다.

오늘 신문에 독일의 66세 여성이 자연임신을 해서 출산했다는 기사가 떴다. 인공임신도 성공하기 어려운 나이인데…. 조금 주책기가 있어도 그녀의 항뮬러관호르몬 분비만은 밉지 않다.

1940년대 말, 윗동리에 시어머니는 안방에서, 둘째며느리는 건넌방에서 같은 날, 아기를 낳은 사건이 있었다. 동네 아낙들이 옆구리를 찔러 가며 입을 삐쭉거렸다. 시어머니도 젊은 며느리만큼 항뮬러관호르몬 분비가 좋았나 보다. 세계 최고령 출산자는 2019년 인도의 73세 여성이 쌍둥이 딸을 출산해 기네스북에 올랐다. 그녀의 항뮬러관호르몬의 분비는 존경스럽기까지 하다.

항뮬러관 호르몬의 위력은 위대하다. 환희를 주는 도파민보다 열 배, 인내력을 분비하는 가바호르몬보다 스무 배는 위대하다. 항뮬러관호르몬은 생명을 만들어내는 능력도 대단하지만 자신이 창조한 생명을 지켜내는 힘도 그 못지않게 뛰어나다.

나는 지금 텔레비전 화면을 뚫어지게 주시하고 있다. 까치 한 마리가 풀숲에서 알을 품고 있다. 뱀이 알을 노리고 다가온다. 까치는 훌쩍 날아올랐다. 열 발짝쯤 옆에서 기를 쓰고 짖어댔다.

"여기 더 큰 먹이가 있다. 작은 알 말고, 이리 와 날 잡아먹어!"

까치는 짖으며 뱀을 유혹하고 있었다. 뱀은 까치에게로 방향을 틀어 기어간다. 뱀이 바로 옆까지 오기를 기다린 까치는 폴짝 날아서 열 발짝쯤 옮겨 앉아 짖는다. 뱀은 다시 쫓아갔다. 뱀이 가까이오면 까치는 또 뛰어 옮겨 앉고 뱀이 쫓아가면 다시 날아서 옮겨 앉았다. 그렇게 뱀을 십여 번 희롱하다가 훌쩍 날아가 버렸다. 그 뱀도 나처럼 건망증이 있던지, 알이 있는 장소를 잊어버리고 다른 곳으로 가버렸다. 까치는

자손을 잘 지켜냈다. 나는 박수를 쳤다. '웬만한 사람보다도 낫군.'

옆의 단독주택에는 석녀가 살았었다. 개가 새끼 네 마리를 낳았다. 젖을 떼자 미리 약속한 사람들에게 분양하고 무녀리 한 마리가 남았다. 저녁 때 복덕방에서 돌아와 보니(그녀는 복덕방을 운영했다) 개도 강아지도 보이지 않았다. 그날 예정되었던 계약이 틀어져 화도 났겠다 사정없이 강아지를 두들겨 팼다.

"집 지키랬더니 집은 안 지키고 어딜 쏘다녀, 제 새끼가 없어져도 모르고, 이 멍청한 개새끼."

개는 느닷없이 매를 맞았다. 주인이 돌이켜보니 며칠 전부터 밤에도 보이지 않았고, 밥을 주면 밥그릇이 없어졌었다. 빈 밥그릇만 보였다. 저것이 또 바람이 났나 싶어서 하루는 밥을 주고 지켜보았단다. 개는 밥그릇을 물고 대문 밖으로 나가더란다. 개가 눈치 못 채게 멀찌기 따라갔더니 산비알 후미진 덤불 사이에 나뭇가지를 얼기설기 엮어 놓고 새끼를 숨겨 놓고 밥을 먹이더란다. 새끼를 지키느라 밤에도 집을 비웠다. 그녀는 강아지를 뺏어 분양하며 울었단다. 새끼가 한 마리씩 없어질 때마다 어미개는 얼마나 고심을 했을까, 새끼를 어찌 지킬까, 풀숲에 자식을 숨길 때까지 고민에 고민을 했을 게다. 이건 웬만한 사람의 지능보다 낫다. 어쩌다 자기 자식을 죽인 사람도 뉴스에 등장하는 세상에.

처음엔 이 일이 강아지의 모성일 게라 생각했다. 그런데 아니다. 텔레비전을 통해 본 까치나 이웃 집 개가 다른 동물보다 특별히 모성이 강해서는 아니었다. 항뮬러관호르몬이 시키는 일이었다. 오직 호르몬의 작용이다. 모든 암컷에게는 이런 위대한 항뮬러관호르몬이 분비된다.

오래 전 미국에서 있었던 일이었다. 어른들이 수다 떠는 동안 호기심 많은 두 살짜리가 자동차 아래로 기어들어 갔다. 아기는 울었다. 사람이 들어갈 수도 없고 남자들 몇이 자동차를 들어 보려 했어도 자동차는 꿈쩍도 하지 않았다. 자동차 무게의 삼분의 이가 앞부분이었다. 그 자동차의 머리를 들고 아기를 꺼내라고 소리친 사람이 아기 엄마였다. 항뮬러관호르몬이 불가능해 보이던 일도 해냈다.

항뮬러관호르몬은 명작 소설 속에도 자주 나타난다. 박경리의 『토지』에서도 망한 지주 집안을 일으킨 것은 어린 손녀 서희요, 『바람과 함께 사라지다』의 스칼렛 오하라도 남북전쟁 중 남자들이 없는 테라의 저택과 농장을 잘 지켜냈다. 『제인 에어』의 제인도 불행한 결혼을 했던 로체스터에게 인간의 행복을 알려주었다. 그녀들은 모두 가냘픈 몸매의 여인들이었다. 항뮬러관호르몬은 평소에는 분비되는지 아니되는지도 모른다. 자식이 위급한 상황에 처했을 때만 신의 것 같은 능력을 발산한다. 나도 그 호르몬의 위대함을 몇 번이나 경험했었다.

정도전이 성리학을 조선의 국시로 내걸면서 여자를 남자의 다섯 계단쯤 아래에 놓았다. 남자의 데스토스테론호르몬만이 중요하다고 믿었었다. 창조주가 암컷에게 부여한 이 호르몬은 몰랐다. 스페인 사람들이 입에 달고 사는 '마초'도 항뮬러관호르몬의 정체를 모를 때 생긴 단어다.

남자들이 전사했거나 가정에 충실한 것을 팔불출이라 홍보고 다닐 때 건물 계단 청소하거나 음식점 설거지해서 자식 대학공부 시킨 건 항뮬러관호르몬이었다. 우리 세대의 어미들은 그리 자식을 길러냈다. 무슨 일이 있어도 자신의 고생을 자식에게만은 대물림하지 않으려는 몸부림이었다. 그리고 자신의 노후대책이 없어 요양원에서 인간 이하의 대접을 받고 있다. 대한민국 국민소득이 삼만육천 달러라는데 노인 여성 빈곤율은 여전히 세계 1위를 고수한다. 안노인들 70~80%가 우울증을 앓거나 치매환자들이다.

항뮬러관호르몬은 제2의 모유다. 어미들은 자식이 위급할 때 자신의 호르몬을 짜내 자식을 먹인다. 사람이나 사자나 가시나무새, 까마귀, 잠자리까지 모든 생태계의 암컷은 항뮬러관호르몬을 분비한다. 항뮬러관호르몬은 데스토스테론호르몬보다 열다섯 배쯤 위대한 힘을 발휘한다. 지상의 모든 암컷들 만세! 항뮬러관호르몬을 분비할 수 있는 여인들 만세다.

탈(脫) 4등 맞아요

지난해 노벨문학상 작품, 도리스 레싱의 『황금 노트북』을 두고 미국의 한 신문사는 '4류 작품'이라 혹평했습니다. 이 경우 4류란 석차 네 번째를 말하는 것이 아니라 아예 읽을 가치가 없다는 말입니다. 4류 학교, 4류 인간, 이 모두가 상대 못할 대상이라는 뉘앙스가 풍기지 않나요? 한데 내 보기에는 지나친 혹평 같아요. 그 작품에도 내가 맛보지 못한 감성이 풍부했거든요.

어쨌든 4자는 누구나 싫어합니다. 토정비결이나 신문의 운수란에서 4자만 보면 질겁을 하죠. 4를 발음하면 맥이 스르르 빠집니다. 생긴 꼴도 1자의 당당함도, 함초롬한 비둘기 머리를 닮은 2자도 닮지 않았어요. 그렇다고 3자의 원만한 곡선이 있는 것도 아니죠. 사방으로 직선으로 뻗은 가지가 바늘 끝같이 날카롭습니다. 빙글빙글 돌려가며 보아도 감성 한 자락 깃들 곳 없이 살벌합니다.

나도 물론 4가 싫습니다. 한데 왜 4자와 인연이 깊은지 도통 모르겠어요. 가장 중요한 내 인식표 주민등록이 4자로 시작됩니다. 4로 시작하는 주민번호를 갖은 사람들, 전쟁으로 배고팠고, 최루탄 연기에 꿈을 빼앗긴 세대입니다. 부모 봉양을 최고의 덕목으로 치던 마지막 세대요, 자식에게는 그것을 기대해서 안 되는 첫 세대입니다.

태어난 순서도 네 번째 출산에 넷째딸.

"몇째로 태어나고 싶으냐?"

고 물으면 맏아들이라고 대답하려 했는데 삼신할머니는 내게 묻지 않았습니다. 삼신할머니의 실수에 내가 받는 대우는 너무 억울하죠.

머리도 조금 덜 여물어 같은 말도 네 번쯤 들어야 내 지식이 되고, 눈을 어지럽히는 지하철역 에스컬레이트도 네 번을 망설여 겨우 올라섭니다. 처음 분양 받은 아파트도 4층. 부정하고 싶어도 할 수 없는 4류 생활인입니다.

이게 끝이 아네요. 운수(運數)도 유전되는지 4자와의 악연은 무남독녀 외동딸에게도 유전되었습니다. 초등학교에 들어가 첫 운동회 날, 딸이 50m 달리기 출발선에 섰지요. 공식적인 첫 경쟁이라 어미 가슴이 벌렁거렸습니다. 딸은 30m까지는 2등으로 달렸는데 옆의 아이를 핼끔핼끔 돌아보더니 4등으로 골인했습니다. 3등까지만 상을 주데요. 4등이 3등 바로 다음인데 꼴찌와 더불어 한쪽으로 쓸어버리던걸요. 4등의 심리적 거리는 꼴찌예요.

'그까짓 달리기가 4등이면 어떠랴. 공부를 1등 하면 되지' 했죠. 한데 그게 또 아니에요. 중학교 1학년 중간고사에서도, 기말고사에서도, 모의고사에서도 60명 중 석차 4등이었어요. 어떻게 이럴 수가…. 일부러 이렇게 꿰맞추려도 어렵지 않겠어요, 안 그래요?

저녁 설거지를 하는 등뒤에서 딸이 쫑알댔죠. 선생님이 교무실로 불러서

"넌 4등과 전속계약 맺었니? 4등이 안정된 자리기는 하다만 왜 발전이 없는 거야? 꼴등만 하던 영애도 이번에 세 명을 제쳤잖아. 이번 중간고사에서 탈 4등이다, 기말고사에선 탈 2등."

하시더라네요. 더 열심히 노력하라는 안타까운 꾸중이겠지요.

"그래, 탈 4등! 엄마도 딸도 이참에 4자 털어버리자. 탈 4등! 아자아자!"

외치고 하이파이브까지 찰싹 쳤습니다. 보름 뒤 우편으로 딸의 성적표가 왔습니다. 겉봉의 흐릿한 글자를 보며

"2등이닷"

외치고 보니 거꾸로 들고 있었습니다. 속표지에는 석차 5등.

"아니, 탈 4등 하랬더니…."

"탈 4등 맞지 않아, 뭐…."

모녀가 마주보고 웃었습니다. 내가 웃은 게 그게 웃음입니까? 나 원 참.

1996년 11월 28일에 딸이 대학수학능력시험을 치렀습니다.
"모의고사처럼 느긋하게 맘먹고 풀어. 내년에 또 봐도 되니까."
고사실 앞에서 딸을 안아주었습니다.
"재수(再修)는 없다"
고 평소에 으름장을 놓았지만 그게 어미 본심이겠어요? 주마가편(走馬加鞭)의 채찍일 뿐이었죠.
한 번의 5지선다형으로 대학이 결정되고 그것으로 장래가 결정되고, 그 중요한 시험에 내가 가장 중요하다고 생각한 인성(人性)의 판별은 빠져 있었습니다. 보충수업 끝내고 열한 시에 오는 아이에게 더 공부하라는 말은 못했습니다. 수면을 충분히 취했을 때 사고능력도 생성되니까, 일요일에는 점심 때까지 재웠죠.
돈도, 배경도 없는 사람은, 왜 실력을 갖추어야 하는지, 왜 좋은 대학에 가야 하는지를 이시형 박사를 예로 들며 읊었죠. 논술고사가 부활한 것을 보면 4등 머리라도 1등 사고를 할 수 있나 봐요.
고사장 앞의 엄마들은 1류 엄마들이었습니다. 문제의 핵심 파악보다 질문의 뉘앙스를 잡아 정답을 골라내는 방법을 가르치는 학원까지 보냈다네요. 집에서도 볼펜 굴리는 요령, 손가락 점치는 방법…. 4등 어미는 가슴이 뜨끔했어요. 자주 찾지 않던 신에게 죄책감을 담은 절절한 기도를 드렸습니다.
"4등의 미련은 어미만 지게 하소서. 딸이 어미의 4류 인생을 닮지 않도록, 오늘 그저 실수하지 않고 제 평소 실력만이라도 발휘하도록 도와주소서."

점심도 굶어 가며 허물어지려는 몸을 교문에 의지해 시험이 끝날 때까지 눈물을 흘렸죠. 십칠 년 동안 딸에게 잘못한 항목을 하나씩 짚어 가며 아우구스티누스의 어머니 모니카처럼 참회했습니다. 눈동자가 어찌 떠내려가지 않았는지 지내놓고 생각해도 이상합니다.

그해 수능은 난이도가 높았어요. 해마다 한두 명 있던 만점자도 없었죠. 165.4, 칠십구만팔천칠백 몇십 명 응시생 중에 딱 5%선이었습니다. 딸이 탈 4등의 의미를 그리 곡해했다면
"탈 1등!"
이라 외쳤겠지요.

한 달 전 2차 모의고사 때 공동 1등을 했거든요. 그때 만약 '탈 1등'이라 외쳤다면 수능성적은 2%선이었을 겁니다.

"요놈의 입방정 하군, 쯧쯧."

어깃장을 놓던 딸은 다행히도 어미의 개떡 같은 말을 찰떡같이 알아들었군요. 임용고시의 성적표대로 대학 졸업 5일 만에 교육공무원 발령받고 일주일 만에 교단에 섰습니다. 어미의 간절한 기도로 딸은 4등 인생을 벗어나도 좋게 되었군요. 휴! 탈 4등 외치던 인생도 만세입니다.

4차원 세계를 다녀오다

　지난 여름엔 8월까지 장마가 이어졌다. 7월 중순부터 8월 11일까지 내리 비가 왔고, 12일에는 밤새워 내리던 빗줄기가 뜨악해졌다. 꼭 외출하기 싫을 만큼만 질금거렸다. 대낮에 형광등을 켜고 철지난 잡지를 뒤적이고 있었다.
　오후 7시 20분, 갑자기 베란다 넓은 창을 통해 서치라이트처럼 환한 빛이 확 밀려들어 왔다. 내다보니 서쪽 하늘에 해가 걸렸다. 비에 가려 있던 해가 일몰 무렵에 참았던 하루치의 정염을 쏟아 놓았다. 앞의 민둥산과 건물 꼭지들이 하얗게 빛났다. 한데 허공에 선을 그어 놓고 아래쪽은 검은 밤이다. 빛이 통과하지 못하는 거대한 철판을 허공에 걸쳐 놓은 것처럼 위쪽은 대낮, 아래쪽은 한밤중이다.
　어둠은 항상 옅은 회색에서 짙은 회색으로 검은색으로 서서히 진행되었었다. 중간색 없이 가장 흰색과 가장 검은 색의 공존은 없었다. 낮과 밤이 중간 접촉 없이 따로 한 공간에 존재하는 기이한 현상이 언제 있었던가, 이런 현상을 기상학자들은 뭐라고 하지? 우리 아파트는 어떤가 보니 17층을 경계로 위쪽은 오후 3시의 햇살을 받아 밝고, 아래층은 오전 3시의 어둠이다.

한 마리의 새가 아파트 뒤쪽 산으로 날아오다가 허공을 맴돌고 있었다. 저녁인 줄 알고 둥지로 돌아오다 아직 찬란한 빛에 헷갈리는지 한 자리에서 맴돌았다. 새의 날갯짓을 따라 내 혼도 팔랑거렸다. 개체의 변별성이 무시되는 어지럼증이 왔다. 엉뚱한 방향으로 감성의 덩굴손이 뻗었다. 몸이 착 까부라지면서 어리보기 정신이 자유롭게 날았다.

관습이 몸을 옭아맬수록 정신은 자유를 갈망했다. 발목을 잡는 일상을 내치고 날아오를 틈을 늘 엿보고 있었겠다. 허공을 헤매던 혼이 때맞추어 날아올라 어마지두에 새의 몸속으로 잠입했다. 새가 도는 대로 따라 돌며 무아경에 빠져들었다. 내 몸은 모처럼 자유를 만끽하며 산과 들 위를 마음껏 날았다.

날고 또 날았다. 나뭇가지 위를 기어가는 배추흰나비와 애벌레에게 인사하고, 나나니벌이 알을 낳는 것도 보았다. 먹지 않고 입지 않아도 되는 신선 같은 상태의 이 현란하고 충일한 자유로움. 에리히 프롬이 말한

"～으로부터의 자유"

가 아니다. 태어나기 전부터 원래 내 것이었던 황홀감이었다.

긴 강 위로 날아 풍천에 닿았다. 강은 도도하게 바다로 빨려 들어갔다. 물은 맑고 바다 초입의 산호와 해초가 올망졸망했

다. 조심스레 발을 내밀어 바닷물을 찍어 간 보는 조개가 보였다. 해초 사이를 헤엄치는 어류들의 등뼈가 투명하다. 물에 빠진 달은 하늘에 걸렸을 때보다 아홉 배나 컸다. 퉁퉁 불어 터진 채 담수와 바닷물 사이에 타원형으로 질펀하게 누워 있다. 둥글지 않은 달은 달이 아니다. 손을 내밀었다. '달떡처럼 둥글게 빚어야지' 손에 잡힐 듯 잡힐 듯한데 손이 닿으면 달은 미끈적거리며 빠져나갔다. 몇 번이나 닿았다 놓치고 닿았다 또 놓쳤다. 꽉 잡아야지.마음을 다잡고 손을 내밀었다. 달이 겨우 손끝에 닿았는데 몸이 거꾸로 추락하면서 파도에 부딪혔다.

철퍼덕! 놀란 혼이 재빨리 내 머리 속으로 되돌아왔다. 7시 40분이다. 백야를 상상하게 하던 신비한 흰빛, 오로라 같던 오렌지와 보랏빛 배광(背光)도 없다. 건물도 사물도 사람도 사람의 사유도 검게 되었다. 조금 전, 나는 천당에 다녀왔나, 환상을 보았나?

비슷한 경험이 또 있었다. 2008년 4월 12일에서 18일 동안의 영국 여행에서다. 맨체스터 옆 워더링 마을은 이삼백 년 된 삼 층짜리 낡은 집이었다. 검은색의 편석 지붕과 흰벽, 같은 모양의 들창, 통일된 커튼이 단결의 조화미였다. 여행 내내 계속된 미열 탓이었다. 올망졸망한 포근함에 잠긴 혼도 일렁이고 있었다. 샤롯트, 에밀리, 앤 브론테 자매가 살았던 성공회 목사관은 비를 머금은 눅눅한 공기로 끈적거렸다. 창문도 작고, 햇볕을 거부하는 침침한 벽들이 사람의 마음을 침울하게 만들기 딱 좋았다. 세 자매가 작가가 된 연유가 이 침울한 공기 때문일 것만 같다. 에밀리가 결혼을 했더라면, 아니 연애라도 해봤더라면 그리 열정적인 『폭풍의 언덕』을 쓰지는 못했을 것이다.

  높지 않은 폭풍의 언덕에는 언덕 위로, 무리지어 다니기 좋아하는 바닷바람이 세찼다. 이리저리 불한당처럼 몰려다니며 방문객의 옷자락과 가방을 마구 잡아당기고 머리칼을 흩어 놓았다. 목초도 자라지 못하는 척박한 바위 골짜기에 생명력 강한 히스가 바람을 비웃듯 붉은 줄기를 악착같이 바위에 꽂고 있다. 히스 줄기마다 캐더린을 부르는 히스클리프의 광적 사랑이 새겨진 것 같다.

  해가 지면 두 사람의 혼이 저녁마다 무덤에서 나와 돌아다녀 사람들이 문밖에 나오지 못했단다. 히스와 바람이 동거하는 언덕에 18세기의 혼들은 아직도 끝나지 않은 사랑놀음을 하고 있었다. 사선 가랑비 사이로 히스클리프와 캐더린의 유령이 보였다. 운명적 사랑을 갈망하던 내 혼이 슬쩍 끼어들어 함께 걸었다.

  "내 사랑, 나에게로 와요."

  입 밖에 내어 중얼거렸나, 옆사람이 힐끗 돌아보며 모난 눈을 지었다.

  여행가방 안에서 충격을 받은 카메라도 필름도 망가졌다. 일주일의 흔적이 감쪽같이 사라졌다. 워즈워스의 생가에서 찍은 단체사진에도 빠졌다. 한국에서 출국, 런던 공항의 입국

4차원 세계를 다녀오다 **183**

이 기재된 여권을 잃어버렸다. 내가 지구에 존재했던 어떤 기록도, 사진도 없다. 내 몸이 지구에 존재했었나?

2008년 4월 12일부터 18일까지 일주일 내 육신이 지구에 있던 흔적조차 없었다. 2009년 8월 12일 7시 20분에서 40분까지도 혼이 몸을 떠났었다. 나는 실재했었나? 죽었다가 살아난 사람의 이야기를 듣기는 했다. 해도 혼과 몸이 자유롭게 3차원과 4차원의 세계를 드나들었다는 얘기는 못 들었다. 나는 이승과 저승을 이어준다는 영매들이 가는 영(靈)의 세계에 갔었나?

3차원으로 다시 돌아온 나는 혼란에 빠졌다. 뇌를 헤집어 연구하는 21세기에 4차원의 세계는 무효다. 3차원의 증거만 유효하다. 법정에서도 그렇다. 아직은 아니지만, 가령 애매한 사건에 말려들지도 모른다.

"2008년 4월 12일에서 18일까지 일주일 동안의 당신 몸, 2009년 8월 12일 오후 7시 20분에서 40분까지 20분 동안 당신 혼의 알리바이를 대시오."

검사나 판사가 다그친다면 어찌할까. 이런 애매모호한 일에 누가 증언이나 해줄까? 내 몸과 혼은 그 일주일이나 이십 분을 진력나는 일상보다 훨씬 즐거워했는데.

3차원으로 빨리 돌아온 증상은 정신과 치료를 받지 않아도 된단다. 2008년 4월 15일 워더링의 사건, 2009년 8월 12일의 환상은 지루한 일상에 활력을 준 경험이었다. 지궁스러운 내 영혼을 통통하게 살찌워주었다. 다음에는 어느 때, 어느 곳으로 4차원의 세계를 여행할 수 있을지….

선생 딸과 학생 엄마와

딸은 모범생이었습니다. 엄마는 학기초에 딱 한 번 딸의 담임에게 인사가서 칭찬 듣는 것이 살아가는 유일한 보람이었지요.

"머리가 크니 어미가 손을 댈 수가 없네요. 종아리를 때려서라도 사람을 만들어주십시오."

전혀 마음에 없는 말을 하면 담임은 손사래를 쳤지요.

"그 애 어디 때릴 곳이 있다고요. 모범생을…."

딸이 초등학생 때는 탐구생활 과제물에 나오는 식물채집과 과학실험도 함께 했죠. 학원비가 부담스럽던 어미는 딸이 중학생 때까지 가장 신임받는 가정교사였지요. 오답 노트를 마련해 같이 엎드려 사전이나 콘사이스, 자전을 찾았습니다. 어렵게 습득한 지식이 오래 갈 것이라는 생각에 쉽게 얻을 답도 일부러 돌아서돌아서 오래 찾았죠.

딸이 교사 발령을 받은 날 설날보다 곡진한 절을 받았어요.

"엄마, 공부하고 싶은 걸 나 때문에 참았지? 이제 내가 엄마 학비를 댈 테니까 대학공부 해."

그리해 예순 나이에 대학에 입학했죠. 대학생활과 신세대의 사고방식을 전혀 몰랐습니다. 딸이 먼저 대학을 졸업했으니 딸의 도움이 필요했습니다.

삼십팔 년 만에 교과서를 받았지요. 노동에만 익숙한 눈에 흰 건 종이요, 검은 건 글씨라는 비안네 신부의 말이 생각났습니다. 내 중·고등학생 시절, 1950년대에는 볼펜도 없었어요. 연필로 쓰다가 틀리면 지우개로 지우고 다시 썼습니다. 이러니 OMR 시험지도 낯선데 정답 3번이라고 머리가 지시하는데 답안지에는 떨리는 손이 2번을 찍어요. 과목마다 이런 반풍수 짓거리를 서너 항목씩이나 했어요.

해도 다른 건 그런대로 해냈는데 리포트가 제일 큰 문제였지요. 우리 모녀의 비극(?)도 이때부터 시작했지요. 손주뻘 동창생들은 인터넷에서 뽑아 삼십 분만에 뚝딱 모자이크해낸다는 리포트를 보름씩 붙들고 씨름했습니다. 교보문고에서 대여섯 권의 참고서적을 사다 놓고 씨름했지요. 삭제하고, 첨부한 원고는 손때까지 묻어 걸레처럼 너덜너덜해졌습니다.

워드로 쳐야 했지요. 나는 기계치예요. 게다가 노동에만 익숙한 손이죠. 딸에게서 컴퓨터를 배우려 했습니다. 딸이 속터져 못 가르치겠다고 손등을 탁탁 때려요.

딸은 딸, 엄마는 엄마죠, 이건 하늘이 두 쪽 나도 바뀔 수 없는데 딸은 내가 저를 선생 대우한다고 엄마를 제가 담임한 학생으로 압니다. 발칙하게.

제출 마감 날짜가 다가오자 원고를 내밀며 워드 쳐달라고 사정사정했지요. 한데 며칠이 지나도 책상 위에서 그냥 굴러다녀요. 바쁘다는 핑계입니다.

"언제 시간을 좀 내서…."

"몰라, 엄마 리포트 치기 싫어서 계속 바쁠 예정이야."

"맛있는 거 해줄게 응?"

매일 저녁 간식을 들고 딸의 방에 들어가 눈치를 봅니다.

'오늘은 쳐 주려나?'

제출 날짜가 코앞으로 다가오자 딸 앞에 무릎 꿇고 두 손을 높이 들었지요. 엄마의 권위나 체면, 자존심 다 팽개쳤습니다. 무엇보다 공부가 중요했습니다. 체면보다 공부가요. 체면 따위야 버리면 어떻습니까?

호령이 떨어지기 전에 손들고 무릎 꿇는 건 딸이 쓰던 방법입니다. 엄마는 더없이 소중한 딸의 안전이 무엇보다 중요했지요. 그래서 무슨 일이 있더라도 10시까지는 들어오도록 지시했습니다. 범죄란 주로 늦은 시간에, 그리고 젊은 여자가 주인공이거든요. 딸의 학교는 코앞이라도 몇 가지 모임에 가입했으니 정기적인 모임이 있었지요. 회의하고 저녁 먹고, 차 마시며 직장생활에서 오는 스트레스도 풀고, 엄마에게서 벗어난 자유를 수다 떨고, 앞으로 만날 이성에 대한 호기심 같은 걸 말하고 싶겠지요. 엄마도 직장생활 해봐서 압니다. 이런 자유는 섣불리 아는 사람과 풀어야 한다고. 동료보다 먼저 일어나도 10시에 맞춰 오기가 어려웠을 겁니다. 착한 딸이라 통금시간을 잘 지켰지만 더러 10~20분 늦을 때도 있었습니다. 그럴 때 현관문을 밀고 들어서며 손들고 무릎을 꿇었습니다. 엄마는 먼저 벌을 청하는 딸을 야단칠 수 없었죠. 벌은 생략하고 어리광이 귀여워 그냥 웃어버렸습니다. 차츰 재미가 들린 딸은 갈수록 이 방법을 자주 썼습니다. 딸이 쓰던 통금시간 어기고 자주 쓰던 비상수단을 이번에는 엄마가 써 봅니다. 엄마가 그냥 웃고 넘어간 것처럼 딸도 웃으며 쳐 달라는 거지요. 그러나 딸은 웃지 않더군요.

"알았어, 쳐줄게. 대신 내 시간 뺏는 대가로 이거 다 칠 때까지 벌 서."

속절없이 두 손을 들고 벌을 섰지요. 선생의 심사를 거스르면 안 쳐줄게고 그 과목의 점수를 딸 수 없고 졸업도⋯.

한데 엉뚱한 호령이 떨어집니다.

"뭐야, 한자는 왜 이렇게 많이 쓰는 거야, 글씨는 괴발개발⋯ 으응?"

학생은 이제나저제나 팔 내리라는 소리만 기다리는데 선생은 거실로 나가 평소엔 보지도 않던 TV도 켰다 껐다 합니다. 목도 마르지 않은 것 같은데 주방에 가서 물 한 컵 마십니다. 일 분에 삼백 자 치는 타자 솜씨로 십 분이면 칠 리포트를 두 시간 학생 애간장을 태웁니다. 팔이 느슨해지면 장난삼아 플라스틱 자로 탁탁 때립니다. 엄마가 제 담임 반 제자입니까?

"더 번쩍 올리지 못해!"

다분히 악의가 있어요. 더 좋은 대학에 갈 수 있었는데 엄마의 고집을 꺾을 수 없었던 게 속상했겠죠. 이 나라 여성들이 가사와 육아를 겸할 수 있는 직장이 몇이나 되나요? 엄마는 직장에 다니며 육아 할 수 있는 여유와 노후 연금을 계산했지요.

이 나라에서는 처녀가 시집가면 문서에 없는 시아버지가 아홉입니다. 여염집이 아닌 학교에도 교장선생, 교감선생, 부장선생과 학생과 학부형이 모두 다 시아비죠. 시집살이가 얼마나 힘들겠어요. 어미를 원망하는 마음이 왜 없겠어요. 눈물이 찔끔 솟데요.

"엄마, 팔 아파서 울어?"

선생이 태도를 싹 바꾸어 애교를 떱니다.

"아냐, 네 직장생활이 힘들 거라는 생각에…."

"아니 나 괜찮아, 근데 저기 외할아버지가 쓰신 한시(漢詩) 액자 옆에 CCTV 하나 달자. 이 장면 찍었다 이담에 엄마 손자들이 보고 할머니 놀려 먹게."

갈수록 태산입니다. 어미는 주먹을 쥐었지만 고 예쁜 걸 어딜 때려요. 한 학기 세 편, 일 년에 여섯 번 리포트 칠 때마다 내가 이런 고역을 치렀습니다. 그래도 어쨌든 스물네 편의 리포트와 졸업논문까지 제출하고 4년 만에 무사히 졸업했지요. 다음 해에 선생 딸은 고등학교 교사와 결혼했습니다.

한데 딸은 4년 어미의 선생 노릇에 재미가 쏠쏠했는지 지금까지도 어미의 선생으로 군림하려 해요. 이틀에 한 번씩 전화해 학생을 다그칩니다. 스승도, 해병대같이 한 번 스승이면 영원한 스승이라고요.

"혼자라고 점심 거르지 마, 화장하고 슈퍼에 가."

선생의 잔소리가 싫지는 않아요. 다 제자를 사랑하는 마음에서겠죠. 그래도 학생은 책에 몰두하다 점심 놓치고, 세수도 안 한 얼굴로 콩나물 사러 갔다가 손녀뻘한테 반말지거리 듣네요. 우리 선생한테 고자질은 하지 마세요.

우리 모녀는 천륜으로 맺어진 부모 자식이요, 인륜으로 맺어진 스승과 제자 사이요, 대학 선후배요, 인생의 동지요, 함께 캄캄한 동굴을 헤쳐 나온 동반자예요. 요즈음 학생은 졸업하자마자 스승을 잊지만 이 학생은 선생이 늘 보고 싶어 혼잣말을 지껄입니다.

"전 선생, 고마워. 네가 내 딸이어서, 네가 어미의 스승이어서."

가만 전화 왔어요. 들으나마나 또 선생의 잔소리겠지요, 뭐.

손가락들의 수다

손가락들은 쉴 시간이 없었다. 청소하지, 빨래하지. 음식 만들지, 글씨 쓰지, 뜨개질하지, 컴퓨터 자판 두드리지. 아마도 사람의 육체 중에서 가장 많은 종류의 일을 하는 것이 손가락 관절이 아닐까 싶다.

직립할 수 있게 되자 손을 자유자재로 쓰면서부터 유인원 중에서 인간만이 유일하게 지식이 늘고, 지혜가 발전하고 찬란한 문명을 갖출 수 있었다. 사유도 풍부해지고 깊어졌다. 조물주는 손가락의 길이와 굵기가 다르게 만들어 쓰임새도 다르게 분배했다.

저녁 설거지까지 끝낸 손가락들의 주인이 핸드로션을 바르고 텔레비전 연속극에 빠져 있다. 손가락들도 이제는 손 놓는 시간이다. 하루 종일 일에 시달리던 손가락이 쉬게 되자 심심풀이 수다를 떨기 시작했다. 제일 먼저 엄지가 말했다.

"거지들도 둘만 모이면 왕초와 똘마니로 나누는데 우리들도 다섯이니 왕을 뽑자. 똘마니들은 저기 저 텔레비전 사극에 등장하는 신하처럼 왕에게 충성하고."

"맞아, 맞아."

모두들 찬성했다. 그러자 엄지가 엉큼한 속내를 드러냈다.

"그래서 말인데, 누가 뭐래도 왕은 내가 해야지. 내가 물건을 집어 올릴 때 제일 힘을 쓰지, 중요한 서류에 지장도 찍지, 핸드폰으로 문자도 보내지, 누구든 첫 번째를 말할 때나 제일이라고 할 때 나를 치켜 올리지 않든? '엄지엄지 척, 엄지엄지 척~.' 이런 노래도 있잖아? 내가 왕이지, 너희들 모두가 나를 왕으로 받들어라."

검지라고 왕이 되고 싶지 않았을라고.

"책장을 넘기거나 돈을 셀 때, 길이나 물건을 가르키는 일은 누가 하지? 남의 잘못도 바로 잡아주고, 자신이 반성할 때도 '나?'라는 지적질도 내가 한다. 정자관이나 갓이나 머리에 모자를 쓰는 건 신분이 높다는 표시지. 헌데 우리 중에 모자를 써 본 손가락 있어? 나는 골무라는 모자를 쓰거든. 바느질할 때만 쓰지만. 그래도 나는 신분이 제일 높지."

장지라고 왕에 대한 미련이 없겠나.

"우리 중에서 키가 제일 큰 게 누구냐? 바로 나잖아. 누가 뭐래도 왕은 키가 커야지. 그러니 키 제일 큰 내가 왕이지."

'그렇기는 한데?' 약지도 미련이 있었다.

"너희들 아무리 그래봐야 일만 죽도록 했지 나 같은 호강 한번 해 봤니? 나는 너희들 누리지 못하는 호강을 한다. 심장에서 가장 가까운 거리에 위치했다고 결혼할 때 끼어주는 다

이아 반지도 내 차지. 칠순에, 팔순에 자식들이 해주는 금반지나 오팔, 진주반지도 다 내 차지다. 일 잘하는 건 피곤한 노예일 뿐이다. 왕이란 명령하면서 호강하는 존재야. 호강하는 내가 왕이지."

새끼손가락은 잠자코 있었다. 네 손가락들이 일제히 새끼손가락에게 손가락질을 했다.

"너는 입이 열 개라도 할 말이 없겠지. 덩치도 제일 작고, 힘도 가장 약한 것, 아무것도 할 줄 모르고 아무짝에도 쓸모가 없어. 그러니 너는 이제부터 우리들 시녀다."

고개를 외로 꼬던 새끼손가락이 갑자기 깔깔 웃었다.

"형님들이 다 잘났다는 걸 알아, 나도 내가 약하다는 걸 알아. 그러니 보잘 것 없는 나 같은 건 잘라버려. 그러면 네 손가락만 있는 형들을 보고 사람들이 병신이래? 내가 있어야 형들도 완전하지."

이리 시작한 새끼손가락의 연설이 길어졌다. '키 크고 싱겁지 않은 사람 없다'라든가 '작은 고추가 맵다' '후추는 작아도 진상감이다'는 말이 있지. 사실 키 큰 사람들 얼굴을 자세히 보면 소금을 쳐 간을 맞추고 싶은 심정이 된다.

한글학자 이희승 박사도 영양부족으로 자라다 말았다. 『五尺 短軀』이라는 자전적 수필도 남겼지. '조선어학회사건'으로 감옥살이의 고통을 견디며 우리글을 지켰고, 우리 모두가 중·고등학교 시절 그분의 문법교과서로 공부했다. 탐관오리의 비리에 반기를 든 전봉준도 녹두장군이랄 만큼 작았지만 민중의 속을 시원하게 긁어주었지. 중국 춘추 시절(BC 578년부터 500년까지) 살았던 백가쟁명(百家爭鳴) 중에 제나라의 안자(晏子)라는 재상은 6척 키였다. 그때 한 척은 23센치라 요즘 치수로 138센티미터. 누구한테서나 부당한 대우와 놀림 받았지만 누구보다 겸손하고 청렴하고 백성을 사랑한 재상이었다. 왕이 도리에 어긋나는 일을 하면 목숨 내놓고 '덕이 없다'라든지 '왕재가 아니다'라는 충언하는 신하는 오직 그 한 사람뿐이었다. 그는 왕에게가 아니라 사직에 충성하는 신하였다. 그가 초나라의 사신으로 갔을 때 개구멍으로 들어오라고 성문도 열어주지 않았다. 보란 듯이 오라에 묶인 죄인을 끌고 와서 제나라 사람은 원래 도둑질을 잘 한다는 비방을 하자 '귤나무는 남쪽에서는 단 귤이 열리지만 북쪽으로 옮겨 심으면 탱자가 된다고, 유전자보다는 기후와 토질 때문'이라고 남 유자, 북 탱자를 갈파했다.

제경 왕이 '제아무리 청백리더라도 이번엔 받을 수밖에 없을 걸' 생각해 사장 한복판의 안약의 움막을 헐고 큰 집을 지어 놓았다. 그리고 감사의 인사를 기다리다 못해 임금 제경공이 먼저 말문을 열었다.

"그래 마음에 드는가?"

"집 말씀입니까? 지금 헐고 있습니다."

제경공의 눈썹이 꿈틀했다. 심사가 불편하다는 표시다.

"크다고 좋은 집이 아니라 좋은 이웃과 함께 사는 집이 좋은 집입니다. 다시 예전처럼 여러 채의 집을 지어 왕께서 내 집 주변에서 쫓아낸 이웃을 불러 함께 살려고 합니다."

집에 대한 생각을 갈파했다. 제나라를 일으킨 전 재상 관중은 임금이 하사하는 땅을 받았어도 안자는 삼백 번이나 사양했다고 『안자춘추』에 기록되었다.

사마천도 『사기』에서

"지금 안자가 살아온다면 나는 그의 마부가 되어도 좋다"

고 평했어. 이런 최상의 흠모는 구척장신 공자에게도 하지 않았는데….

"이 분들 말고도 키 작은 영웅은 많아. 대체로 사람의 큰 키에 분포되었던 기(氣)가 작은 면적에 응축되면 야물딱져진다. 세상엔 큰 것과 작은 것, 아름다운 것과 추한 것, 힘 센 것과 힘없는 것들이 어울려 살지. 큰 느티나무와 민들레, 큰 고래 상어와 멸치 떼, 뭍이나 물이나 큰 것, 작은 것, 힘이 센 것, 약한 것들이 함께 사는 게 생태계다. 새끼손가락 나도 중요한 일을 해. 국제협약에는 고급 만년필이 등장하지만 개인의 약속은 내가 제일이지. 새끼손가락 걸며 하는 약속은 틀림없거든. 조물주가 만든 건 다 쓸모 있고 사랑스러운 존재들이야. 형들! 내가 작다고 지청구주지 마, 강한 손가락, 약한 손가락 모두 힘을 합쳐 더 열심히 일하자."

엄지??

검지?!

장지!!!

약지….

만원짜리는 만만해

지금 우리가 사용하는 돈은 지전과 동전을 합쳐 아홉 종류다. 그 중에서 가장 빈번히 쓰이는 것이 만원 지폐와 거스름으로 받는 백원 동전이다. 오십원 이하의 동전은 제 역할도 잊었고, 오만 원권 지폐는 고개를 기웃거리며 써야 한다. 만만하게 쓸 수 있는 건 만원짜리다. 외출할 때 신용카드와 만원짜리 열 장은 챙겨야 안심이다. 만원짜리가 사고를 예방하지는 못해도 불안을 덜어주는 역할을 한다. 낯선 상황에 부딪혔을 때는 만 원의 몇 배 가치를 발휘한다. 잘난 건 만원짜리라고 밀양아리랑도 노래한다.

만원짜리에 계신 내 조상 세종대왕은 신사임당보다 높은 액수의 지폐에 계셔야 마땅하다. 백만원짜리에 계셔도 좋을 분이 만원짜리로 내려앉으신 건 백성을 사랑하시던 애민사상의 발로요, 최고의 겸손이다. 당신은 모든 문서를 한문으로 쓰시면서 어린 백성을 생각해 한글을 만드신 분, 그것도 모자라 서민의 손에서만 오가는 만원짜리에 계신다. 하니 내게는 만원 지폐가 제일 반갑다. 한데 만원짜리도 때로 주인을 조정하려 한다.

놀부가 죽어 지옥에 갔는데 염라대왕이 엽전 세는 벌칙을 주었다. 좋아하는 돈을 만지니 '얼씨구 좋다' 하며 먹는 시간, 자는 시간, 뒷간 갈 시간도 줄이며 세었다. 엽전이 동전으로 바뀌고, 전자동전이 생겨도 계속 셀 모양이다. 돈 말고도 셀 것은 셀 수 없이 많은 걸 모르는 놀부 혼자 신났다. 아니 지금이야 진저리치게 괴로울 게다.

놀부야, 엽전을 좋아하지만 나는 만원짜리를 좋아한다. 책을 읽다 눈이 따가울 때 통증이 지나가기를 기다리며 만원짜리를 꺼내 눈감고 세어 본다. 뇌 활동에 좋다는 손가락 운동으로 제격이다. 잠시도 육신을 쉬지 못했던 세대의 강박감 표출이다. 다섯 번을 세어도 액수를 모를 때가 있다.

만원짜리는 루이비통 가방이나 밍크코트, 골프점퍼 옆에 놓으면 너무 초라하다. 허나 모잠비크 아이들이 열흘 굶지 않을 만한 액수다. 팔랑개비처럼 팔랑팔랑 넘길 수는 있어도 팔랑팔랑 쓸 수는 없다.

만원 한 장으로 사흘치의 먹을거리를 들고 올 때, 한 장을 복어회처럼 얇게 두세 장으로 포를 뜰 수 없을까 궁리했었다. 연구에 몰두한 끝에 백원 동전이 여섯 개만 모이면 천원 지폐로, 천원 지폐가 일곱 장만 모이면 만원짜리로 만드는 기술을 습득했다. 아끼고 모았더니 통장의 동그라미가 계속 늘어났다. 굳은 땅에 물이 고인다는 말은 진리였다.

　재래시장에서 장 본 물건을 양쪽 손에 들고 나오다 마이크 소음을 만났다. 걸음을 빨리했지만 붙잡혔다.

　"우리 형, 형수와 새벽부터 밤까지 일했습니다. 먹지도 입지도 않고 잠도 줄이면서 모으고 모아서 20년 만에 5층 빌딩 샀습니다. 월세만 받아도 배 두드리고 살 수 있는데, 두 달 전 형수가 위암으로 죽었습니다. 고생 타고난 팔자는 고생이 살려줍니다. 고생 끝이면 인생도 끝. 돈 핑계 대지 말고 건강식품 먹고 고생하며 오래 삽시다."

　나 들으라는 말인가 싶어 발을 멈추었다.

　"자, 퀴즈예요. 가난할 때 죽었다면 문전에 개미 새끼 한 마리 없었을 텐데 빌딩주가 되니 조문객이 몰렸죠. 우리 형 신나게 조의금을 셉니다. 백원짜리 백 장씩 아홉 다발을 묶어 놓고, 또 일흔일곱, 일흔여덟, 마지막 장을 새끼손가락 탕 팅기면서 딱 한 마디 했습니다. 뭐랬을까요? 맞추는 분, 건강식품 석 달치 공짜!"

　퀴즈라면 맞추고 싶은 본능이 발동한다. 뭐랬을까?

　'당신 이름으로 좋은 일하는 사회단체에 기부할게. 또는 아이들 위해서 쓸게' 이런 정답이라면 퀴즈로 내지도 않을 게고….

　"자 뭐랬을까요, 자 자, 맞추면 건강식품 거저요."

　몇몇이 답을 말해도 다 틀렸단다. 아무리 잔머리를 굴려도 모르겠다. 무거운 짐을 내려놓지도 못하고 자리를 뜰 수도 없었다. 약장수는 퀴즈 낸 걸 잊은 듯 딴짓거리다.

"한 달치 십칠만 원, 석 달치에 삼십만 원!"

돈만치 순기능과 역기능이 두드러진 물건도 없다. 적임자를 만났다 하면 세를 키울 때까지는 비루하게 아첨하고 일단 제 편이 되면 주인의 상전으로 둔갑한다. 돈다발 키가 크면 클수록 귀신도 부리는 부적이 된다. 정의도 누르고, 형제도 이간질시키고 때로 살인도 부추긴다. 손톱이 닳도록 벌어 모으던 사람이 돈의 속성을 몰라 남의 입에 털어 넣고 거지꼴 되는 것도 보았다. '개같이 벌어 정승같이 살라'는 속담도 있지만 개같이에 중독되면 개가 된다. 개가 정승격을 따기는 지극히 어렵다. 사람들은 돈 냄새와 향을 헷갈려 한다.

"대한민국, 돈만 있으면 가장 살기 좋은 나라죠"

라던 경찰관이 있었다. 뒤집어 들으면 돈 없는 사람 가장 살기 고약한 나라라는 말이다. 사람이 아닌 쩐을 받드는 민중의 지팡이? 계급장이 길가의 뭐처럼 하찮아 보였다.

돈 쓰는 역량을 가름해 평생 십억 원 쓸 사람, 일조 원 쓸 수 있는 사람, 하고 자격증을 발부하면 어떨까? 대학합격증처럼. 자격미달인 사람의 돈은 환수해 복지사업에 쓰고.

나는 쉴 수 있는 공간과 약간의 식품비, 아플 때 쓸 병원비만 있으면 족하다. 돈은 본인 분수를 넘으면 불행을 불러온다. 세상에서 제일 불쌍한 사람이 거지라지만 더 불쌍한 사람은 돈만 쫓는 사람이다.

건강식품 석 달치를 걸고 쉽게 맞힐 퀴즈를 내지는 않겠지.

돌아서는데 약장수 내 뒤통수에 대고 말했다.
"멋~진 년!"
피식 웃었다. 그 사람 쩐은 아주 얄밉다. 그 사람이 그러든 말든 내 서랍의 만원짜리는 꺼내 세어봐야지. 손가락 운동이요, 심심풀이 놀이인데.
새끼손가락으로 마지막 장 통 팅기는 폼을 해보자. 예전, 자동기계가 등장하기 전 은행 창구 아가씨가 현찰을 찰, 찰, 찰 넘기다 손가락으로 통 팅기던 폼, 그 희고 긴 손가락은 아주 멋져 보였는데.
스물아홉, 서른, 서른 하~나, 서른 둘.
'통!'
아, 된다, 된다. 오늘 기분은 짱이다.

지병(持病)과 오답(誤答) 사이의 거리

2008년 4월 16일 오후에 우리 동호회원들은 아일랜드의 리피 강변에 섰다. 리피강은 북쪽의 고풍스러운 오코넬 거리와 남쪽 신 번화가를 가르며 더블린 시를 동서로 흐른다. 오코넬 거리와 번화가를 연결하는 십여 개의 다리는 독특한 개성을 띠고 있다. 제임스 2세와 오렌지공이 싸웠다던 다리는 길이보다 폭이 더 넓은 특이한 형태다. 그러나 전혀 낯설지 않다. 조화롭다.

물살이 강바닥 퇴적층을 뒤집으며 흐른단다. 검은 물이랑이 술렁거리며 연일 강행군으로 다리가 무거운 우리 이방인을 이죽거렸다. 사계절을 하루에 경험할 해양성기후는 4월 중순인데 우박이 쏟아졌다. 봄 점퍼를 입고 목도리까지 둘렀어도 추웠다.

다리 건너 '감자대기근추모동상'을 만났다. 누더기를 걸치고 옷 보따리를 안고 먹을 것을 찾아 떠나는 사람들, 천근만

근인 발을 끌고 살길을 찾아 미국으로 가는 배를 타러 리버풀로 가는 다섯 명의 동상이다. 그들의 절망적인 표정은 보는 사람마저 죽을 맛이다. 축 늘어진 아들을 어깨에 메고 무거운 발을 옮기는 아버지는 살아 있는 인간의 얼굴이 아니었다. 맹수에게 사지가 찢겨 숨이 끊어지기 직전의 짐승 표정이었다. 동상 옆으로 흐르는 물결 속 혼들이

"우~우"

내 목덜미를 잡으면서 가슴을 찌르는 고함을 지르고 있었다.

19세기 중반까지 아일랜드인의 주식은 감자였다. 소작인들은 토지세를 낼 밀은 조금 심고, 자신들이 먹을 감자 농사를 지었다. 밀보다 감자 수확이 좋았기 때문이다. 1845년에 감자잎마름병 바이러스가 대서양을 건너와 급속히 퍼지며 5년 동안이나 흉년이 들었다. 지주와 상인들이 폭등하는 밀가루로 부를 쌓는 동안 거리에 거지들이 들끓었고, 집집마다 다섯 식구 중 두세 명씩은 아사(餓死)했다. 귀동냥을 했어도 이 정도인 줄은 몰랐다.

이렇게 많은 사람들을 굶겨 죽인 건 가장 큰 인류의 죄악이다. 병중에 가장 무서운 병은 굶주림이다. 암은 몇 년을 버티지만 굶주림은 열흘이면 목숨을 앗아가니 암보다도 무서운 병이다.

굶주린 사람들은 캐나다와 미국으로 떠났다. 짐승을 실어 나르던 배를 찾다 거리에서 죽고, 요행으로 배를 얻어 타도 비위생적인 배에 짐짝같이 실려 가며 이질이나 콜레라에 걸

려, 즉시 수장당했다. 그들을 착취하던 영국 정부에서 구빈원을 세워 수프를 끓여주었으나 너무 늦게 시작했고 그나마 숫자도 적었다. 아일랜드 인구는 1890년쯤 250만 명이 줄었다. 가난한 자의 가죽을 벗겼던 '마피아 법칙'에 몸을 떨었다.

"배고파, 수프 한 모금만."

애절한 어린아이 호소가 물결에 실려왔다. 자꾸만 내 목도리를 풀어내고 모자를 빼앗던 실체는 켈딕 해와 아일랜드 해의 강줄기를 타고 올라온 바람이 아니었다. 여직 강바닥을 헤매는 굶어 죽은 넋들의 비명이다. 하루 세끼 꼬박꼬박 먹고, 간식도 먹고, 싫은 음식을 쓰레기통에 쏟은 내 죄는 너무 크다.

아일랜드는 영국의 실책을 비난했고, 영국은 하얀 깜둥이들의 게으름과 감자에만 의존했던 무지를 탓했다. 하지만 입장을 바꾸어 생각하자. 영국인이라고 어떤 뾰족한 방법이 있을 건가? 감자 논쟁은 21세기 현재까지 진행 중이다. 일본의 반성 없이는 우리 위안부 문제가 해결되지 못하듯 영국의 사과 없이 감자 논쟁이 해결될 기미는 없다.

아일랜드인은 이민 초기 '술 취한 아일랜드인'으로 불렸고, 공장, 철도, 광산에서 '개와 아일랜드인 사절'이라고 쓴 팻말을 대했었다. 우리라면 쉬쉬 감출 역사를 '감자대기근추모동상'과 '대기근박물관'을 만들어 늘 보고, 듣고, 명심하도록 했다. 오욕의 역사를 반면교사로 다시 일어서자고. 춘추시대의 월나라의 구천처럼 절치부심해서 국민소득 사만 불의 아일랜드를 만들었다. 굉장한 의지다. 무당을 초청해서 리피강가의 동상들 앞에서 씻김굿을 하고 비나리를 해주고 싶다. 주린 넋들을 풀어먹이고, 뒤풀이 축제까지 걸게 하고 싶다. 흐느끼며 리피 강을 유영하는 혼들이 이제 이만큼 성장한 조국을 보며 안식을 취하도록 이국인 내라도 굿을 해주고 싶다.

아일랜드 국민은 겔트족의 후예, 앵글로색슨족, 바이킹과 주변의 여러 민족이 합진 혼합 민족이다. 더불린 시내에서는 바바리 코트 위로 불쑥 올라온 살덩어리들을 쉽게 볼 수 있다. 중년의 남자들은 뒤에서 보면 머리와 목의 구별이 없다. 백인이 아니라 홍인(紅人)이라고 부를 만큼 붉은 피부에 빨간 머리칼 몇 올을 겨우 찾아내고 '저기부터 위는 머리구나' 생각했다. 거대한 배를 안고 다니는 임신부가 아닌 중년부인, 흑임자 같은 주근깨를 얼굴에 뿌린 아가씨, 서양인은 모두 크다는 생각을 수정할 만큼 키 작은 사람도 거리를 활보했다. 여행가 더불러머피가 긴 여행에서

"나는 제3세계를 지나고 아일랜드라는 기묘한 제4세계로 왔다"

고 할 만큼 그들의 성과는 불가사의하다.

그런 아일랜드인은 기부를 잘한다. 트로케어(Trocaire) 자선단체는 전쟁과 기근에 찌든 조국을 원조했고, 밥겔도트의 공연수입금 900만 달러는 역사상 가장 큰 자선액수였다. 더불린 거리에는 늘 자선금을 모으는 작은 이벤트가 열린단다. 그들에게 기부는 생활의 일부로 자리 잡았다.

아일랜드와 우리는 공통점이 많다. 자원이 없고, 민족성이 강하고, 의지가 강하고, 이웃에게 침략당한 역사가 같다. 주권을 빼앗긴 역사를 지녔고, 독립하고도 같은 민족끼리 남북으로 나뉘어 대치하는 점도 같다. 그들은 종교, 우리는 이데올로기로 갈라섰지만. 그들은 남북이 대치하고 있으면서 필요할 때는

"우리 아이리시는 함께 살아야 한다"

외치며 마주 앉지만 우리는 서신조차 교환을 못한다.

정상인과 장애인 결혼이 예사로운 나라, 가난한 사람도 생활에 불편 없도록 사회보장제도가 잘 된 나라, 예술인을 우대하는 나라가 아일랜드다. 그 좁은 섬에서 제임스 조이스, 조지 버나드 쇼, 윌리엄 버틀리 예이츠, 오스카 와일드, 사무엘 베게트, 에드먼드 버크, 조너선 스위프트 등의 쟁쟁한 문인들이 나왔다. 문인들의 역할이 아주 컸고, 문인들을 대하는 민중의 의식도 성숙했다. 남 앞에 나타나는 걸 싫어하는 내가 그들 문학관 입구에 비치된 장부에 서명을 했다. 그들의 역경을 이긴 성과를 우리도 이어받기를 바라는 간절함을 담아서. 아일랜드 문인들은 아픈 역사는 '지병일 뿐'이라고 민중을 이끈 사람들이다. 지병은 방치하면 생명을 앗아가지만 잘만 관리하면 평균수명을 넉끈히 살 수 있다.

정신 문화는 정책보다는 대중의 지혜와 의식 실천이 끌어간다. 우리는 그 동안 역사를 연필로 쓰고 있었다. 틀린 답을 쓰고 지우고 다시 틀리게 쓰고, 지우고 다시 똑같은 틀린 답

을 썼다. 아직도 동네에 장애인시설이 들어서면 내 집값 떨어진다고 데모를 하고 있다.

아일랜드의 국민소득은 4만 불이 넘어 그들을 지배했던 영국보다도 잘 산다. 인구도 5000만 명이 넘는다. 지역과 민족과 영토를 넘어 강한 민족성을 형성했다. 미국으로 이민을 간 사람들 거의가 다 그들의 끈질긴 노력으로 성공했다. 한(恨)을 긍정의 힘으로 교체했다. 질곡의 시간을 성숙한 인간 의식으로 키운 그들의 성숙한 의식이 부럽기만 하다. 우리는 언제나 아일랜드처럼 성숙한 국민상으로 살 수 있을까? 지병과 오답 사이의 거리는 아득히 멀다.

38년 만에 되찾은 향

 자연향이든 인공향이든 향은 다 좋다. 자연향보다는 못해도 자스민이나 '샤넬 넘버5+' 같은 인공향도 좋다. 향을 풍기는 사람 곁에 서면 덩달아 기분이 좋아진다. 그러니 여자들이 비싼 향수를 안 사고 배기는가. 그래도 인공향보다는 오이나 미나리의 신성한 향이 더 좋다. 늦가을의 모과나 유자향, 수수꽃다리향, 백합향과 비비추향의 아찔함, 활엽수 아래에서 부패하는 낙엽의 구수한 향도 좋다. 음력 팔월 열나흘 송편이 쉴새없이 내뿜는 솔향은 내가 제일 좋아하는 향이다. 송편이 다 익었어도 오래도록 찐다. 솔향을 원없이 맡으려고.
 옷도 체형에 맞아야 하듯, 향수도 체취와 궁합이 맞아야 좋다. 녹말향 비슷한 내 체취와 어울리는 향은 인공향이 아니라 자연 향이다. 자연 향중에서도 휘발유 냄새와 유전자가 비슷한 인쇄 잉크향이다. 녹말 냄새와는 어울릴 것 같지 않지만 문화 갈증을 채워주는 향이요, 진리 탐구 욕구를 불러오는 향이다.

　1950년대에 중·고등학교를 다녔었다. 새 교과서에서는 항상 새 종이 냄새와 절묘하게 궁합이 맞는 잉크향이 났다. 군데군데 뚫려 글씨까지 삼킨 교과서를 펼치면 읽으려는 제목보다 그 향이 먼저 일어섰다. 학교 앞 세책방에서 빌려보던 삼중당의 '명작소설전집'에서도 그 향이 났다. 지구본에서만 보던 나라를 여행하듯 호기심이 술렁술렁 일었다. 윤전기에서 갓 빠져나온 석간— 그때는 일간지가 거의 다 석간이었다—의 향은 좀더 짙어서 대문에 떨어진 신문을 아버지 앞에 놓기 전에 두 콧구멍을 한껏 열어 인쇄향을 몇 모금 들이마셨다. 그 잠깐의 행복감이 나를 지탱하는 힘이었다.
　인쇄물 향은 외로움도, 사춘기 감성의 가리산지리산하던 방랑도 치료해 주었다. 책만으로 육신의 허기도, 정신의 고픔도 치료가 되었다. 그러나 욕망을 채워줄 인쇄물의 양이 절대 부족이었다. 욕구의 반의 반도 채워주지 못했다. 남들이 냄새라고 피하는 잉크향을 망나니 술꾼이 소주를 탐하듯 읽을거리를 찾아다녔다.
　신혼살림은 단칸 셋방에서 시작했다. 용돈을 쪼개 사 모은 문학전집과 교양서적 이백여 권도 혼수에 넣었다. 남편 출근한 뒤 밥상 펴고 읽을 작정이었다. 가장 역할이 내 몫이 되며 재산목록 1호였던 책이 장식품으로 전락했다. 어느 날 주인 여자가 방문을 빼끔이 열어보더니 월말에 전기요금을 두 배로 물렸다. 전깃불 켜고 책을 읽지도 못했는데… 보비위를 잘

해야 전기요금, 수도요금도 적게 낼 수 있었던 시절, 주인 아낙의 눈에 내가 얼마나 시고도 떫은 여편네로 보였을까?

낯선 생활에 적응하려면 낯선 각오를 해야 했다. 다섯 번째 이사할 때 책을 고물장수에게 주어버렸다. 책을 얹을 이 삿짐에 땜질한 냄비를 실었다. 알루미늄냄비가 달그락거리며 눈물샘을 건드려도 입술 앙다물어버렸다. 책이 너무 좋다, 무조건 좋다, 하지만 더 절실한 것은 내 자식 입에 들어갈 밥이었다.

남의 헛간에 비닐을 치고 살며 품팔이를 했다. 일당 1700원, 일터로 가는 길가의 연못이 위험해 네 살짜리를 방에 가두었다. 여덟 시간 후에 달려와 문을 열면 갇혀 있던 악취가 먼저 쏟아져 나왔다. 점심상과 요강 언저리, 밥풀이 말라붙은 옷자락, 잠든 아이의 손가락과 입술에서 새카맣게 파리 떼가 날아올랐다. 종일 엄마를 부르다 목이 쉬어버린 아이는

"어~어어~"

엄마를 발음하지 못했다. 다음날 에미 목에 매달리는 아이를 떼밀어 넣고 철컥 자물통을 채웠다. 돈에 환장을 했었다.

"울지 않으리라, 자식 배를 채우려면 이보다 더한 짓도 하리라."

환경에 적응하도록 조립된 것이 사람이라 1년이 지나니 품팔이도 할 만했다. 책이 없다고, 먹고 배설하고 일하는 데는 지장이 없었다. 길들여짐이란 소름끼치게 무섭다. 비 오는 날은 일이 없었다. 일 없는 날은 어쩌면 어미의 팔자를 닮을

지도 모를 자식의 미래가 두려워 머리부터 발끝까지 떨었다. 글자와 재회할 날은 까마득해 보였다.

품판 돈으로 종자돈을 만들었다. 제1금융보다 이율이 높은 제2금융권을 드나들었다. 작은 아파트를 사고, 열댓 개 통장을 만들었다. 자식 배만 채울 수 있다면 만족일 줄 알았는데 그게 아니었다. 이번에는 시퍼런 젊음을 낭비한 회한이 밤낮으로 덮쳤다. 든든하고도 허무한 것이 통장의 동그라미였다. 지악을 떨어 쟁취할 대상이 통장의 숫자는 아니었다. 무너지기 시작한 존재감은 언덕 위에서 놓친 굴렁쇠처럼 아래로, 아래로 내달렸고, 매일 자신에게 사형선고를 내렸다.

딸은 공부를 잘했고 바른 모범생으로 자라주었다. 수능시험 98만 명 중 5%에 달했고, 임용고시 성적도 우수해 대학 졸업 닷새 만에 발령을 받았다, 교사 발령이 사오 년씩 걸리던 시절에. 그날 밤, 설날의 것보다 곡진한 딸의 절을 받고 어미는 딸을 안아주었다.

"엄마, 엄마를 너무 힘들게 해서 죄송해요."

"그런 말이 어디 있어, 넌 엄마의 바지랑대였어. 남의 자식처럼 잘 먹이고, 잘 입히고, 마음껏 뒷바라지 못해 줘 진정 미안하다. 그래도 반듯하게 자라주어서 너무 고맙고."

"엄마 우울증은 약으로 치료 안 돼요. 남은 시간만은 엄마 자신만을 위해 써요. 이제는 제가 엄마 학비를 댈게 대학에 가세요."

딸은 어미를 정확하게 이해하고 있었다. 다음 해 이순(耳

順)의 나이에 국어국문학과에 진학했다. 꿈마다 낯선 길을 방황하던 코도 다시 향바라기를 시작했다. 고등학교를 졸업하고 삼십팔 년 만에 손에 든 교과서다. 하루에 열서너 시간 책상에 앉아 있었다. 밥 먹는 이십 분이 아까워 점심도 굶었다. 화장실 출입을 줄이려고 두 컵 마시고 싶은 물, 한 컵만 마셨다. 손자뻘 아이들과 경쟁하려면 그들의 스무 배쯤 노력을 해야지. 지식이 내 것만 된다면 당뇨약처럼 책을 분쇄해서 입에 털어 넣고 물을 마시고 싶었다.

리포트 작성에 필요한 참고서적을 사러 교보문고에 갔다. 사면 벽에, 바닥에서 천장까지 책이 쌓였다. 겉표지들도 고급 아트지에 4~5도의 색상을 넣어 화려했다. 한데 책방과 도서관의 책, 조간으로 바뀐 신문에서도 내가 좋아하는 인쇄향은 사라졌다. 불쾌하다고 생각한 사람들이 향을 다 제거했다. 프랑스 남부에서 만든 향수(이슬이 마르기전에 수십 톤의 장미를 따서 일랑일랑과 알데히드를 첨부한)를 풍기는 책도 있었다. 책에서 내 좋아하는 향을 영원히 맡을 수 없을 것 같았다.

며칠 전 도서실 서가에서 눈만 빼꼼 내놓은 문고판을 보았다. '아직도 이런 책이 있나' 싶어 뽑아 펼치는 순간 콧속으로 살금살금 기어드는 향기, 바로 삼십팔 년 전에 맡았던 예의 그 향이었다. 자신을 안아줄 대상을 이제야 만났다는 듯 잉크 향이 '우 우' 소리 지르며 몰려나왔다. 폐 속의 공기를 다 토해내고 눈을 감고 향을 들이켰다. 향은 내 몸 구석구석을 마사지했다. 온몸의 지각 세포들이 모두 일어나 환호의 깃

발을 흔들었다.

  1961년에 출판된 누런 갱지의 철학해설집이다. 쥐오줌 자국이 지도를 그린 책갈피 속에서 바퀴벌레라도 기어 나올 것 같다. 누구나 다 알 만한 내용에 유치한 문장들. 그러나 그 책을 대여했다. 두고두고 향을 맡고 싶어서. 하지만 일주일 후엔 반납해야 한다. 나는 날마다 책장을 훌훌 넘기며 잉크향을 욕심껏 탐한다. 코를 벌름거린다. 삼십팔 년 전 그날처럼 포만감이 머리를 가득 채운다. 행복에 빠져든다. 이 세상 어느 곳에 이보다 더 좋은 향이 있으랴.

5부

바람만바람만
안갚음, 앙갚음
아직도 연습중입니다
자벌레의 방백
백제의 자존심과 마주서서
소나무와 아까시
가장 화려한 꽃은 벌개미취
산책길에서 그것을 만났다
갈색 눈동자의 조선 후예
잠정 바이러스 환자들
노벨상을 타야지

바람만바람만

마음먹고 컴퓨터 앞에 자리를 잡는다. 수필을 써야지. 많이 써보는 것이 좋은 작품 쓰는 지름길이란다. 영감이 떠오를 때 쓰면 좋은 작품이 나온다는 걸 안다. 한데 영감이란 좀도둑같이 왔다가 바닷가 해무처럼 금세 사라지는 존재다. 좀체 오지 않는 영감을 마냥 기다릴 수도 없다. 나는 영감을 천생배필로 아는데, 영감은 독수공방에서 눈물을 짜도 내게로 올 기미가 없다. 죽이 되든 밥이 되든 일단 불에 올려놓고 보자. 열심히 자판을 두드린다.

점심때가 지났다, 고구마 몇 개를 씻어 찜기에 담고 가스를 켠다. 십 분을 멍하니 기다릴 수 없어 다시 컴퓨터 앞에 앉는다. 몇 문장을 끼적거린다. 한 문장에 딱 맞는 적확한 단어는 꼭 하나다. 소설같이 긴 작품에서는 다음 문장에서 비슷한 단어로 보충하거나 반복해 보충할 수 있으나 수필은 그게 용납될 수 없다. 정확한 단어 아닌 적확한 단어 그 하나를 꼭 찾아

넣어야 한다.

앞서가는 사람의 뒤를 보일락 말락 뒤따라가는 술어가 뭐더라? 이 문장에 적확한 단어가… 건망증이 또 도지는구나.

서술어 단어를 사전에서 찾을 수 없다. 아버지를 따라다니고 싶은 간절함에 몰래 따라다니던 어린 시절을 돌이켜 보아도 깜깜무소식이다. 할 수 없이 그 단어가 들어갈 자리에 ( )를 치고 다음 문장을 쓴다.

컴퓨터 화면을 검은 연기가 덮는다. 사우나 탕 안에 앉은 것 같이 탁한 공기다. 아뿔싸! 고구마? 고구마는 물론 냄비까지 새까맣게 타버렸다. 김우종 선생님은 글쓰다 냄비 태워도 좋다고 말씀하셨다. 그 말은 쓰기에 열중하라는 말씀이지 실수를 하라는 말은 아닐 게다. 창문을 열어 환기를 시킨다. 냉장고를 뒤져봐도 굽고 찌는 과정이 필요한 재료들뿐이다.

이럴 때는 머리를 쉬게 해야…. 컴퓨터를 끄고 지팡이를 찾아들고 나선다. 동네를 한 바퀴 돌자. 오백 미터쯤 걷자 앞에 파리바게트가 보인다. 머리를 쥐어짜도 안 나타나던 단어가 빵집 간판에 턱 걸쳐 앉아 빙글거리지 않은가? 맞아, 저거다.

오후 4시가 넘어 허리가 착 까부라져 털썩 주저앉고 싶다. 한 발자국도 못 움직이겠다. 당뇨환자는 GI지수 90인 밀가루 음식을 먹으면 안되지만 파리바게트에 들어가 샌드위치 하나를 사 먹었다.

근린공원을 한 바퀴 도는 동안 그 단어를 입속으로 뇌인다. 단어는 파도가 가랑잎을 놀리듯 떴다 가라앉고 갈아 앉았다 뜨곤 했다. 집에 돌아와 컴퓨터 앞에 다시 앉는다. 그러나 반나절 입속을 맴돌던 단어는 승강기 안의 2분 동안 다시 물밑으로 가라앉았다. 메일을 뒤적거리다가 닫는다. 9시 뉴스가 끝났다. 불면증이 있다. 잠을 못 자면 다음날 내 낡은 컴퓨터(뇌)는 머리를 홰홰 내젓는다. 고만 괴롭히라고 머리띠 두르고 데모한다.

건망증이 족히 박사학위감이다. 삼만삼천 원 지불할 돈에 오만원짜리 지폐 두 장을 건네거나, 물건 값을 지불하고 물건은 두고 오기도 한다. 아니면 앞 가게에서 산 물건을 다음 가게에 얌전히 놓고 온다. 내 집이 아닌 남의 집 초인종을 누른다 등등의 실수를 한다, 늙는다는 건, 삶이 불편해지는 항목이 다양해진다는 뜻이다. 처음엔 화가 났다. 팔십 년 닦고 갈아 온 결과가 이거라고? 혈압이 올랐다. 그러나 실수는 계속되었다. 계속되는 실수의 반복과 다양성에 대해 새삼 자신에게 감탄사를 터트렸다. 어쩔 수 없이 인정했다. 숙면이 도움 된다니 매일 수면제를 복용한다.

외국어 단어 외우기가 좋다고 해서 영자 단어 외우기를 시작했다. 한 단어에 오른손가락 하나씩 꼽아 나간다. 열 개가 차면 왼손가락 하나를 꼽는다. 'A'로 시작하는 단어, 왼손가락 다섯 개니 쉰 개. 'P'로 시작하는 단어 예순 개, 'S'로 시작하는 단어 백 개, 'Z'까지 세니 700개다. 다음은 우리 단어 '가'에서 '타, 파, 하'까지 천 개, 서해안과 남해안의 섬 이름 외우기 이백 개, 그리고 작은 소리로

"리리리 자로 끝나는 말은…"

동요를 부른다. 동요에는 '리' 자로 끝나는 단어가 6개 등장하지만 『우리말활용사전』을 찾아봤더니 삼백 개가 넘었다. 그 많은 '리' 자로 끝나는 단어 중 백 개쯤 외우다 잠이 든다. 두 시간, 침대에서의 이 일과는 뇌 맷집 부풀리기 운동이다.

뇌과학자들이 뇌세포는 두 살 되면서 가장 빠르게, 가장 크게 자란다고 한다. 이때의 뇌세포는 눈에 보이는 것 모두를 스폰지가 물을 흡수하듯이 흡수한단다. 겉으로 나타나지 않아도 기억을 돕는 소뇌, 감각기억을 돕는 대뇌피질, 정서적 기억과 날짜 등을 담당하는 편도체와 해마, 전뇌의 구조를 돕는 복합체인 선조체가 풍선처럼 부푼단다. 교육학 박사라도 그 빠른 성장을 채워줄 수 없을 지경이란다. 물론 엄마들도 아기 뇌의 성장속도를 짐작할 수 없다. 자궁에서 떨어진 핏덩이가 1년 만에 걷고, 간단한 말을 배우고, 질문이 많아진다는 사실 정도를 알아챌 뿐이다.

정점을 찍은 세포는 곧 죽기 시작하고 한 번 죽은 세포는 다시 살아나지 않는다. 새로운 12쌍의 말초 신경 – 귀, 코, 입, 머리의 시냅스가 서로 손을 잡도록 도와야 한다. 끊임없는 뇌 운동을 반복 학습해 주어야 한다. 아무나 그리할 수 없기에 우리 필부필부(匹夫匹婦)들은 죽을 때까지 타고난 뇌 성능의 겨우 십분의 일만 사용할 뿐이란다. 아인슈타인의 뇌 같은 우수한 뇌만 빼고.

신경과의 뇌 촬영사진을 보던 의사가 말했다, 고딕체로.

"환자의 뇌는 다른 비슷한 연령, 비슷한 학력의 다른 뇌와 비교해 비슷하게 찌그러졌습니다. 그러나 우울증이 지나칩니다. 방치할 경우 1년 안에 치매로 발전할 가능성이 50프로입니다."

이름하여 '경도인지장애'란다. 우울증이 인간의 감성 중에서 가장 우수한 감성이다. 심리학자가 말했다. 지적수준이 높은 사람이 우울증에 걸린단다. 우울증을 앓으며 쓴 예술작품들이 이루 헤아릴 수 없다. 우울증이 명작을 생산한다는 말이 있을 정도로. 한데 이 좋은 우울증이 치매로 가는 길목이란다. 이건 신의 실수다. 잘못되어도 한참 잘못된 은총이다. 두멍에 차고도 흘러넘치게 장애물을 부여한 신을 원망하지는 않았다. 그러나 이 한 가지는 원망스럽다. 제발 치매 말고 명작 생산을….

열흘 뒤에서야 설거지를 하다가 아! 드디어 파도에 떠밀려다니며 일렁이던 단어가 떴다. 앞사람 뒤를 보일듯 말듯 뒤따르는 행위, '바람만바람만'이다. 드디어 괄호 안을 채웠다. 두 달 만에 수필 한 편이 완성되었다. 영감이 시켜 쓴 것과는 비교도 안 되는 졸작이.

"이 낡아빠진 컴퓨터(머리)로 수필을 써?"

쓴다는 건 내가 조물주에게서 부여받은 유일한 축복이다. 하찮은 피조물 하나가 세상에 나왔던 흔적이 수필 몇 편뿐이다. 상황이 이러한대 쓰지 않고 어찌 숨을 쉴거나.

수필로 명성 얻기를 바라지도 않는다. 내 존재감을 맛보기 위해서다. 한 가지 욕심이라면 누구 한 사람 내 문장 한 소절에 공감해준다면….

바람만바람만 수필의 뒤를 따를 테다.

안갚음, 앙갚음

정(情)이란 요사스러운 것이다. 정이란, 고무줄처럼 늘어났다 줄어드는 신축성을 지칭하는 추상명사다. 추상의 속성이 적나라하게 드러나는 단어다. 추상명사란 여건 따라 변하는 팔색조다. 시간의 흐름에 따라, 감정 따라, 환경 따라, 이익이나 손실에 따라 시시때때로 변한다. 형제애든, 우정이든, 남녀의 애정이든 모두 그렇다. 하느님이 모든 사람들을 지켜주지 못해 대신 자녀들 곁에 어머니를 두었다고 둘러대는 사람도 있지만 어쩌다 모정도 그렇다.

기원전 춘추시대(BC 743년)에 중원 한복판 계란노른자 위치에 신생국가 정(鄭)나라가 있었다. 왕은 용맹한 정무공이었다. 정무공의 아내 무강은 아들 둘을 낳았는데, 맏이인 장공(鄭莊公)을 출산할 때는 산고가 심했다. 그렇다고 장남은 미워하고, 통증이 덜했던 동생만을 사랑했다. 무강은 남편에게 세자를 바꾸자고 졸랐다.

"세자에게 흠이 있는 것도 아닌데 공연히 위계질서를 흔들어 혼란을 만들지 마시오."

정무공은 한 마디로 거절했다. 무강은 작은아들이 순조롭게 왕이 되지 못할 것을 알고 반역을 꾀했다. 정무공이 죽자 작은아들 단을 크고 먼 성에 보내어 군사를 훈련시키라 사주했다. 그러나 정장공은 삼국시대의 조조를 앞선 간웅(奸雄)이었다. 그 모든 걸 알고도 모른 척하며 만반의 준비를 시켰다.

마침내 기회가 왔다. 무강은 정장공이 천자의 나라 주나라의 경사직을 돌보느라 궁을 여러 날 비울 것을 알았다. 그 틈에 단이 대군을 이끌고 궁으로 쳐들어오면 안에서 내응하겠다는 편지를 보냈다. 정장공이 신하를 시켜 중도에서 간자의 편지를 압수하고 자신의 심복을 단에게 보내는 한편, 동생의 성 주변에 군사를 매복시켰다.

단이 어머니가 성문을 열고 기다리는 줄 알고 호호탕탕 왕성을 향해 쳐들어갈 때 정장공은 단의 성(省)을 접수했다. 단은 그 소식을 도중에서 들었다. 형의 왕성에도 자신의 성에도 발붙일 곳이 없었다. 가슴에서 어머니의 서찰을 꺼내 놓았다.

"어머니가 나를 망쳤다"

고 한탄하며 자결했다. 자식 편애는 가장 큰 죄악이다. 지나치게 사랑을 받은 자식도, 홀대받은 자식에게도 비극이다. 정장공이 그 서신을 주워 신하에게 주며 어머니를 황천에 가서 만나겠다는 말과 함께 귀양 보냈다. 난은 평정되었으나 동생을 죽이고 생모마저 귀양 보낸 정장공은 매일 우울했다.

고려 때 늙은 부모를 고려장 지내러 지게에 지고 산으로 가다가 까마귀가 어미를 돌보는 것을 보고 다시 모친을 모셔왔다는 민화도 있다.

고구려 벽화에도 삼족오(三足鳥)가 있다. 효를 숭상하던 옛 사람들은 반포지효(反哺之孝)를 실천하는 까마귀를 숭상했다. 그러나 까마귀의 검은색은 보기 흉하고 울음소리도 아름답지 못하다. 흉조(凶鳥)라며, 까치를 국조(國鳥)로 삼았다.

농작물을 해치는 까치는 인간에게 해로운 새다. 까치가 늘 반가운 소식을 가져오는지에 대한 통계도 없다. 까치가 울던 날 누군가의 반가운 손님이 찾아왔고 그것이 '까치는 반가운 손님을 부른다'로 둔갑했을 뿐이다. 차라리 봄소식을 제일 먼저 전하고, 흥부에게 박씨를 물어다 주는 제비를 국조로 삼는 것이 권선징악을 장려하지는 않을까?

까마귀의 지능은 6~7세 아이 정도다. 호두를 물어다 차가 다니는 대로에 놓았다가 자동차가 지나가면 부서진 알맹이를 주워 먹는다. 까마귀는 어미가 60일 동안 먹이를 물어다 새끼를 키운다. 어미가 늙어서 먹이 사냥을 못하면 새끼가 먹이를 물어와 제 입에서 오물오물 녹여 어미의 입에 넣어준다. 안갚음의 대명사가 까마귀다.

수척해진 정장공 앞에 영고숙이란 영주가 올빼미를 들고 나타났다.

"어미가 어미답지 못하더라도 자식은 자식의 도리를 버려서는 아니 됩니다. 아마도 주군보다 어머니의 자식에 대한 그리움이 더 클 겁니다."

그리고 올빼미의 습성을 말해주었다.

올빼미는 어미가 100일을 키운다. 100일쯤 자라면 새끼의 날개가 다 자라 마음껏 날 수 있다. 새끼는 어미의 눈을 파먹고 살까지 모조리 파먹고는 날아가 버린다. 까치집 앞에서 밤새도록 울면서 보채어 까치를 쫓고 집을 빼앗는다. 짐승이라지만 너무 염치가 없다. 그런 짐승은 올빼미밖에 없다. 낳고 키워준 은혜를 원수에게나 할 앙갚음(?)을 한다. 사람들이 잡아서 몸뚱이는 국을 끓여먹고, 머리는 나무에 매달아 놓았다. 가장 못된 새라 가장 가혹한 형벌을 주는 것이다. 중죄인에게 내리는 군문효수(軍門梟首)는 이로부터 시작되었다.

정장공은 황천이라는 단어에 '무덤'과 '지하수'의 두 가지 뜻이 있음을 알고, 어머니가 거처하는 근처에 인부를 동원해 지하수를 파고 다시 모셔 왔다.

새의 종류도, 생활방식과 번식도 여러가지다. 어찌 새들뿐이랴. 눈, 코, 입이 비슷한 자리에 붙어 있는 사람도 그렇다. 부모의 은혜를 생각하며 눈물 흘리는 안갚음하는 자식도, 유산에만 눈독 드리는 앙갚음의 자식도 있다.

생활이 풍족해질수록 인품도 풍성해져야 한다는 내 생각은 너무 순진한 발상인가. 인간의 욕심이란 끝도 한도 없는가. '부자가 천국에 들기는 낙타를 타고 바늘구멍을 통과하기보다 어렵다'는 성인의 말은 진리인가? 국민소득은 해마다 올라가는데 효심은 해마다 하향평준화다. 요즈음 인사동에는 올빼미 형상의 가방 장식품들과 열쇠고리가 널렸다. 상술이 효심을 갉아먹는다.

　일본에는 까마귀가 많다. 일본 여행에서 까마귀가 너무 많은 것을 보고 놀랐다. 일본 사람들은 까마귀의 안갚음을 마음에 새기며 살고 있다. 일본 사람들은 물건을 정교하게 만들고 남에게 폐 끼치는 일은 아니한다. 올바른 마음에만 올바른 길이 보이는 법이니.

　까마귀의 모습은 흉측하다. 그러나 농작물을 해치는 까치나 불효막심한 올빼미와는 전혀 다르다. 우리에게 유익한 새다. 모습이야 그렇더라도, 까마귀의 좋은 습관은 동방예의지국의 체면을 세워준다. 자라는 아이들에게 까마귀를 본받으려는 심리를 심어주어야 반포지효의 성품을 지닐 수 있다. 그래야 그들의 노년도 덜 곽곽하고 덜 허무할 것이다.

아직도 연습중입니다

올림픽경기에서 금메달을 딴 선수에게 모두들 박수를 보냅니다. 똑같이 연습하고도 빈손으로 온 선수들에게는, 연습에 천부적 소질을 발휘하고 본심에는 꼴찌만 하는 내가 박수를 보냅니다.

연습 한 번 못한 채 맞닥뜨리는 세상살이는 불만입니다. 어떻게 해야 실수를 줄이는지, 일의 능률이 오르는지, 곳곳에 매복한 어려움은 어떻게 헤쳐 나가는지 연습을 해야 어려운 일이 닥쳤을 때 헤쳐 나가지 않겠습니까? 하기는 했는데 전생의 일이라 다 잊었는지도 모릅니다. 아무튼 나는 젓가락질 한 번도 못 해본 채 삼신할머니에게서 쫓겨나왔습니다.

연극 한 편을 무대에 올리려 배우는 몇 번이나 연습을 할까요. 운동선수는 한 번의 시합을 앞두고 몇 번이나 연습하나요. 칠팔십 년의 삶을 연습 없이 곧바로 시작하는 게 말이 됩니까? 넋놓고 있다 KO패 당하거나 뺨을 맞을 수밖에요.

내 어린 시절 공부란 곧 외우기였죠. 구구단부터 피타고라

스의정리, 당시에 90개 정도 되었던 세계의 나라 이름과 수도를 걸으면서 외웠고, 조선 왕들을

"태, 정, 태, 세, 문, 단, 세…"

불경스럽게 화장실에 앉아서도 외웠습니다.

"희(噫)라 구래(舊來)의 앙울(仰鬱)을 선양(宣揚)하려 하면…"

이해도 못하는 관념어 나열의 〈기미독립선언문〉을 삼십 분만에 외웠어요. 국민학교 6학년 때였죠.

워드연습은 그날이 그날이었습니다. 안 되니까 그냥 여직 살던 대로 기계치로 살자 작정했죠. 며칠 뒤 마지막으로 한 번만 더 해보자고 컴퓨터를 켰더니 손가락이 며칠 전의 연습을 기억하고 있었습니다. 오늘 연습 한 시간에 전날의 연습량, 거기에 플러스 알파까지 있었죠. 연습은 지독히 재미없지만 복리이자를 쳐주는 매력이 있던 걸요.

늦깎이 공부도 연습으로 버텼지요. 이순에 이십대와 경쟁하려니 그들보다 스무 배쯤 더 연습했습니다. 열 시간 책상 앞에 앉아 있었지요. 4년의 연습결과는 운동부족에서 오는 복부비만에 당뇨병이었습니다. 책장의 천 권 책에게 다음 번 호표를 주었는데 엉뚱한 연습이 새치기 하자네요.

졸업시험 끝나자마자 주방에 저울을 놓고 당뇨책자를 보며 또 연습했습니다. 메밀과 보리를 섞은 밥을 110g씩 달아 먹으며 하루에 8km씩 걸었습니다. 저혈당증이 오면 길가에 주저앉았다가 5시간 걸려 목표를 채웠습니다. 2개월 만에 59킬로그램 체중이 47킬로그램, 228mg/dl 공복혈당은 150mg/dl

가 되었지요. 연습은 미련 떨음이죠. 그러나 결과는 수학 공식만큼 정직합니다.

역사 사건을 기년체로 옮겨 쓰기는 의미가 없어 보였죠. 방학숙제 안 하고 세계명작 읽다가 지적을 받았어요. 한데 말이죠, 연습이 금메달의 왕도였다는 걸 너무 늦게야 깨우쳤습니다.

1970년대 초였죠. 20세기 중반의 시골은 여전히 18세기였습니다. 촌 아낙들은 눈만 뜨면 잡초와 싸웠습니다. 제초제도 쓰지 않았고 검은 멀칭비닐도 없었어요. 이백 년 전과 똑같은 방법으로 호미로 밭매기를 하고 있었죠. 호미를 잡을 줄도 모르고 묘목밭에 품팔이를 나섰습니다. 십오 분 쉬는 시간까지 반납하고 땅을 팠는데 다른 아낙의 반의 반 정도 했어요. 그 잘난 일을 하고 팔다리가 굳어졌습니다, 쇠막대로 깁스한 것같이 뻣뻣했어요. 이곳에서도 발붙일 수 없다면 갈 데는 한 군데뿐이라 절망했습니다. 허나 닷새 후에 몸살이 낫자 다시 나갔습니다. 감독이 나오지 말라고는 않았거든요.

"밭 매던 년들 저녁밥 하러 들어갔니?"

머리를 잘린 쇠뜨기가 서너 시간 지나면 두런거리며 고개를 내밀며 하는 말이랍니다. 뽑아던진 바랭이도 한 나절이 안 돼 흙 속에 다시 발을 뻗습니다. 농작물은 잡초와 경쟁이 안 돼요. 모내기 철에 손을 못 대 손가락만큼 굵어진 명아주는 면도칼로 베어냈습니다.

밭매기도 무형문화제 솜씨 같은 노하우가 있어야 합니다.

묘목밭은 새가 모이 쪼듯 콕콕 찍습니다. 그래야 팔분음표 닮은 씨앗머리가 묻어 나오지 않아요. 참외나 콩밭의 애벌김은 큰 풀 뽑으며 겉면만 긁어내고, 쇠비름이나 개망초를 시앗 머리채 잡아채듯 꺼들어내죠. 배추밭은 치올려 긁으며 북주고, 땅콩 순은 호미를 곧추세워 흙을 파파 엎는 아우거리를 합니다. 닳아서 놋수저만한 호미로 촌 아낙들 이런 재주를 다 부려요.

앙버티던 호미가 일 년 지나니 손바닥에 척 붙으며 저글링을 하게쯤 되었습니다. '저걸 뽑아야' 생각이 들면 잡초는 이미 손 안에서 물기를 걷고 있었죠. 햇볕 쨍쨍한 날 맨머리에 뙤약볕을 이고, 비 오는 날은 빗물에 밥 말아먹으며 줄기차게 했습니다.

일사병 따위는 무섭지 않았습니다. 36~38도의 뙤약볕을 고스라니 받는 몸은 불에 달군 대장간의 쇳덩이가 됩니다. 자외선이 두피를 뚫고 시신경까지 쳐들어옵니다. 그래도 1700원짜리 놉꾼에게 손수건만한 그늘도 시원한 냉수 한 모금도 허락되지 않았어요. 지나친 자외선 노출이 황반변성의 원인이라는 걸 그때 알았다면 머리에 수건이라도 썼을 겁니다. 농작물과 풀이 뒤섞여 어룽거립니다. 풀인지 농작물인지 아리송합니다. 얼굴에 달린 눈 말고 손에 달린 눈이 알아서 척척 해냈습니다.

"밭에 나오면 바랭이 웬~수."
"집에 들어선 시뉘년 웬~수."

선창을 받으며 삼백육십오 일중 삼백사십 일을 밭고랑에 쪼그리고 앉았습니다. 5차 방정식보다 난해한 내 삶의 도형이 그

어름에서 풀릴 것 같아서요.

어느 날, 나약해 빠진 유전자를 거부하고 싶은 욕망이 일었죠. 김매기가 뼈에 밴 토박이 아낙들을 제치고 싶었습니다. 눈치 못 채게 연습했죠. 5년 후에 딸기포기를 캐어 곁순을 따서 백 개씩 묶는 작업에서 1등을 해냈습니다. 평소에 100m를 9~10초에 뛰던 실미도의 훈련병이 발뒤꿈치에 실탄을 쏠 때는 6~7초에 뛰었답니다. 목숨 걸고 몰두할 때만 얻는 초능력이죠. 신의 시험을 이겨낸 종교적 체험이었습니다.

멋모르고 시작해서 자동화 과정을 거쳐 초능력을 맛보기까지 순조로웠겠습니까? 머리를 무릎에 파묻고 운 밤이 많았습니다. 육신의 고단함보다도, 이웃의 손가락질도 아팠습니다. 깊이를 가늠할 수 없는 절망의 늪에서 발버둥치다 세상살이 모두가 연습이라는 진리를 깨우쳤습니다.

나는 연습을 잘 합니다. 연습밖에 잘 하는 것이 없습니다. 십 년 전에도, 이십 년 전에도 연습만 했습니다. 한 시간 후에도 내일도 연습만 할 겁니다. 운동장만큼 넓은 내 앞의 공간을 보면 막막합니다. 그러나 돌아보니 남은 공간이 어제보다는 아주 조금 줄었어요. 그걸 확인하는 것이 나 무룡태의 유일한 낙이죠.

지금은 글쓰기 연습중입니다. 연습만 하다하다 제대로 된 글 한편 못 쓰고 죽을지도 모릅니다. 이생에서 잘 연습하면 내생에서는 명문을 쓸 수 있겠지요. 해서 명령합니다, 내게.

"다시 연습하자, 백척간두(百尺竿頭)에도 진일보(進一步)!"

자벌레의 방백(傍白)

나는 자벌레입니다. 대나무마디를 닮아 칙칙한 색깔의 몸을 가졌어요. 나도 생명인지라 무엇이든 먹어야 합니다. 사과나무나 차나무, 국화나 장미 나뭇잎 중에 아주 조금만 갉아 먹어요. 그런데 사람들은 나보고 해충이라네요.

곤충은 여섯 개의 다리를 가졌는데 나는 네 개뿐입니다. 나는 좌우 네 개의 발을 옆구리에 착 붙이고 꽁지를 머리 쪽으로 바짝 당겨 붙이며 등을 곧추세웁니다. 팍 고꾸라지며 등을 펴면 내 키만큼 전진합니다. 구부렸다 펴면 한 자이죠.

보이는 나뭇가지마다 재어봅니다. 오체투지(五體投止)가 아니라 6체투지(六體投止)입니다. 네팔의 힌두교 신자들은 부처가 계신 산꼭대기 절까지 삼보일배(三步一拜)를 해서 극락에 갈 요량이지만 나는 대가 바라지 않고 매순간 일보일배(一步一拜)를 합니다.

나뭇잎 뒤에 붙어 쪽잠을 자고, 눈뜨자마자 곁가지를 쟀지요. 한 자, 두 자, 석 자, 아흔 자쯤 재고 있으니 나뭇잎 사이로 햇살이 쏟아지네요. 햇살이 반갑기야 나도 다른 생물과 똑같지요. 그러나 뻐꾸기나 노랑지빠귀, 까치들 모두 햇살을 타고 먹이를 찾아 나섭니다. 밤새 주린 배를 채우려고 눈을 화등잔처럼 밝히며 날지요. 그 예리한 눈에 띄면 내 몸의 체액이 한 방울도 남지 않고 놈들의 입속으로 빨려들어 갑니다. 아빠도 엄마도 오빠도 사촌동생도 모두 새들에게 잡혀 먹혔어요.

세상에는 호랑이나 사자 같은 강한 힘을 가진 동물, 악어나 하이에나처럼 날카로운 이빨을 갖은 동물이 많습니다. 시속 백 킬로미터로 뛰는 치타나 재칼, 코끼리의 힘에 비하면 나란 생물은 너무나 미약합니다. 왜 이리 약하게 조작했는지 조물주를 원망해 보기도 해요. 그러나 어쩌겠어요.

저기, 저기를 보세요. 오목눈이 한 마리가 날아오르네요. 냉큼 몸을 가지에 착 붙이고. 숨쉬기도 멈춰야 해요. 휴우, 눈치 못 채고 지나갔네요.

맹금류는 물론 개미나 진딧물같이 작은 동물까지 내 체액을 탐합니다. 위험을 느끼면 몸을 곧추세워 나뭇가지인 척 위장합니다. 이게 조물주로부터 받은 유일한 둔갑술이요, 은총이죠.

나무줄기를 가로지르는 거미줄도, 나무를 타고 오르는 개미도 위험합니다. 조금 전에 불개미 한 마리가 제 꽁무니를 물었는데 아주 아팠어요. 죽어라고 몸부림쳐 떨쳐냈습니다. 아직도 얼얼합니다. 성충이 되어야 갈색 등에 호안문(虎眼紋)

이 새겨집니다.

 지금까지 잰 길이가 일백팔십만 육천삼백스물다섯 자입니다. 사람들의 십진법(十進法)으로 말입니다. 그리 열심히 재었어도 아무도 표창장 주지 않고 상품도 받은 일 없어요.

 그러나 계속 잴 겁니다. 이 넓은 생태계, 이 무성한 숲에, 수십 종의 동식물들이 있습니다. 그 중에 가장 작은 자벌레 나도, 나름 최선을 다해 살고 있습니다. 눈뜨는 순간부터 눈 감는 순간까지 나뭇가지를 재는 일만 합니다.

 그러나 자벌레라고 새들의 먹이로 육신공양(肉身供養)을 하는 것뿐이라 알면 곤란합니다. 하찮은 벌레에게도 우화등선(羽化登仙)하고 싶은 야망은 있으니까요.

 가상(嘉尙)하지요, 전지전능하신 조물주가 주신 직무에 사력(死力)을 다할 겁니다. 누가 보든 말든 제 임무를 충실하게 수행하는 작고 보잘 것 없는 자벌레 나도 성(聖)스러운 생명 아닙니까?

백제의 자존심과 마주서서

 마음만 먹으면 갈 수 있는 거리다. 한데 외국까지 다니면서 하루 길인 서산마애불은 지나쳤다. 유홍준 교수의 『나의 문화유산 답사기』를 읽으면서도 호기심을 지그시 누르고 있었다. '언젠가는 만나겠지'라는 미련을 즐기면서.
 어느 날 드디어 문학기행으로 마애불과의 생면이 이루어졌다. 나무계단은 꺾임 각도가 심하고 벼랑은 아득했다. 나무계단의 지시대로 몸을 이리 틀고 저리 틀면서 숨차게 올랐다. 빛의 각도에 따라 시시각각 미소가 다르게 보이고, 그 중 가을의 해질녘 미소가 일품이라는데, 우리는 봄날 해질녘 마애불을 찾았다. 동동남 30도로 향한 삼존불은 45도의 서녘빛을 받고 서 있었다. 여래는 입술과 보조개로, 보살은 실눈으로, 미륵반가상은 턱으로 반겼다.
 충남 서산 운산면 용현리 가야산 끝자락 수정봉에 있는 인바위다. 처마 석은 금시라도 쏟아질 형국이다. 아래는 한 발만 제겨디디면 천길 벼랑 아래 골짜기로 굴러 떨어질 계곡이다. 벼랑에 사다리를 세우고 고개를 젖혀 작업했을 게다. 눈과 입으로 쏟아지는 돌가루를 담뿍 받았을 게다.

대웅전 부처야 나무나 철심으로 뼈대를 세우고 흙으로 본을 떠 형상을 만들고 금을 입힌 것이니 만들기 수월하다. 어려운 것이 석불, 석불 중에서도 가장 다루기 힘든 것이 화강암석불이란다. 화강암은 정의 각도가 쬐금만 어긋나도 살점이 뭉텅 떨어져나가, 여느 돌보다 손끝의 긴장도가 크단다. 손과 발, 몸이 떨렸고 진땀이 비질비질 흘렀을 게다. 그런 화강암에다 이렇게 사람의 혼을 앗아가는 미소를 담은 손은 어떤 귀신의 손일까? 방금 사다리를 타고 그가 내려온 듯 돌가루가 흩날리는 것 같다.

두광과 연화대좌가 있는 석가여래입상은 280센티미터 큰 키에 좌우대칭이다. 하르르 흘러내리는 미세한 주름의 돌을 새김 옷을 걸쳤다. 오른쪽 제화갈라보살은 실눈을 뜬 채 상반신 나체에 보관을 쓰고 보주를 들었다. 왼쪽의 미륵보살반가사유상은 우족 반가 좌족 수하의 일반적인 반가사유상의 방식이다. 천억 원대를 호가하리라는 국립박물관의 국보 84호의 균형미도, 국보 83호의 화려함도 아니다. 두상과 몸의 비율조차 맞지 않는다. 백제인을 닮아 촌티 나는 넙데데한 얼굴에 고아한 웃음… 예사 석공이 탄생시킨 예사롭지 않은 국보급 마애불이다.

중국 땅 동쪽은 백제였다. 4세기 초 백제 영토는 산동지역을 중심으로 북쪽으로 요서, 남쪽으로 양자강, 서쪽으로는 태산에 이르렀다. 황해 해안을 따라 한반도를 빙 돌아서 호남에 이른다. 관미성에서 산동을 오가는 뱃길을 집 안마당을 가로지르듯 다녔었다. 그에 비해 고구려는 함경도의 산악지대 일부, 신라는 동해안 남쪽을 지키는 아주 작은 나라였다. 한 성을 함락시키면 제 땅이 되었던 시절, 백제가 얼마나 많은 성을 차지했는지 백제의 세가 어느 정도인지 짐작이 간다.

왕조의 쓰러짐은 내부의 권력다툼에서 시작된다. 동서양의 역사가 그것을 증명하려 너무 많은 예를 들어버렸다. 6세기에 내분이 일어나며 고구려에게 한강 유역을 빼앗기고 그 크던 대륙백제와 한반도 백제를 거침없이 넘나들던 뱃길마저 자유롭지 못하게 되었다. 마애불은 그 직후에 완성되었다.

그건 예정된 일이었을 게다. 녹두장군 봉기, 일제지배시대의 학생운동, 권력의 횡포에 맞선 5·18광주혁명 등은 모두 옛 백제의 땅에서 일어났다. 의(義)에 대한 분기심(憤氣心)이다. 호남 사람 누구나 한 자락 뽑는 노랫가락에도 그 울분이 스며 있다.

마애불은 골짜기 위에 우뚝 서서 백제의 옛 뱃길을 굽어본다. 인도와 중국, 한반도와 일본의 바위에 마애불이 널려 있어도 이와 비슷한 것도, 보다 예술적 가치가 더한 것도 없다. 쇄락해 가는 왕조에 대한 절절한 애국심이 마애불에 담겼다. 미소를 머금은 마애불은 6세기 전후에만 만들어졌다고 한다. 포원(抱冤)의 혼은 백제인의 뛰어난 기술에 실렸다. 산동 뱃길을 내려다보는 신내림의 걸작, 마애불은 백제인의 자존심이다.

왕좌를 버린 부처는 법당에 높이 앉아 공경을 받는다. 인간의 허욕이 만든, 어마어마한 권력이다. 그에 비하면 비바람을 맞고 선 이 마애불은 고통을 딛고 사는 중생에게 다가선다. 태어난 것은 반드시 사멸한다. 세상에는 절대 존재도 절대 진리도 없다. 모든 것은 생겨나 팽창하고 수축하다 사라질 뿐인데… 국가의 흥망성쇠나 인간과 모든 동식물의 생로병사도 그렇다. 부처도 우주의 그런 반복순환에 따를 뿐이다.

미륵보살은 오십육억 칠천만 년 뒤까지 중생을 이끌려 한다. 중생은 모두 자비를 받을 보살이라니, 불교신도가 아닌 나도 그 은혜는 받을 자격은 있는 셈이다.

부처가 산 중턱에 서서 검지로 볼을 찌르는 것은 겨우 백년을 허락 받은 인간이라도 근원적 실재에 도달할 수 있다는 계시다.

"제사와 찬송, 주문이 답은 아닙니다. 불안과 욕망이 죄를 불러오는 것이 아니라 누구나 부처가 될 수 있다는 망상이 죄를 불러옵니다."

우파니샤드는 범아일여(梵我一如)라 이른다. 무리 짓는 치마종교, 선(禪)이나 발원보다 자신을 들여다보며 관찰하는 심리해부학(解剖學)적 과정이 우선이다. 우주와의 관계를 끊지 못하는 중생의 고민은 여기서부터 출발해야 하지 않을까?

일천사백여년 전, 나는 마애불과 마주선 보살이었을지도

모른다. 세상의 규범과 윤리, 도덕과 종교가 일률적으로 부여하는 부자유를 괴로워했었다. 나는 그리 자유를 갈망하면서도 앞사람들의 발자국을 한 치도 벗어날 수 없었던 모순 속을 살았다. 그는 그걸 꿰뚫어보고 있었다. 그리해 눈비에 젖고, 바람에 살점을 흩으며 내 입에 맞는 떡을 너무 오래 고르고 있었다. 인자한 저 미소에 책망하는 기색과 박수 치려는 의도가 함께 함축되어 있다.

 내 자존심, 백제의 마애불은 석양빛에 불그숙숙하게 취했다. 얼굴 곰보 자국마다 노을이 곱다시 들어와 앉았다. 일행은 지평선에 걸친 해를 쳐다보며 서둘러 내려갔는데, 사방은 어두워오는데, 나는 마애불이 보내는 전파를 놓치고 싶지 않다. 자존심이 강한 연인을 두고 발이 떨어지지 않으니 어쩌랴.

    * 우파니샤드: 부처 전부터 내려온 인도의 문학, 철학서. 불교와 힌두교와 이슬람교의 원전(原典).

소나무와 아까시

 소나무는 선비나무입니다. 4군자에 포함되지 않아도 10장생(十長生)에는 포함됩니다. 임금님 뒤의 일월오악도(日月五岳圖) 병풍에 당당하게 섭니다. 절개를 숭앙하는 선비들이 좋아해 일지병풍(一支屛風)에도 즐겨 그리지요. 곧게 잘 자라 수형이 아름다운 소나무가 능선에 줄지어선 모습은 연병장의 훈련병 같은 질서의 아름다움이 있어요. 뒤틀어진 소나무도, 옹이박이도, 구새먹은 놈뿐만 아니라 둥치가 썩어 속이 비고 아슬아슬하게 옹이를 잡고 매달린 소나무 가지도 품위는 있습니다. 근래엔 관상수로도 인기가 높습니다.
 아프리카의 아까시아 잎은 코끼리나 기린의 좋은 먹이입니다. 우리나라에 있는 것은 아까시아가 아니라 아까시입니다. 소용론(所用論)으로 따진다면 양봉업자만 좋아하는 잡목입니다. 산수유나 도토리, 산초, 구기자처럼 과실을 먹는 유실수도 아니고, 목련이나 수수꽃다리 같이 관상수로 정원(庭園)에 심지도 않고, 옻나무, 고로쇠나무처럼 수액(樹液)을 이용하지도 못하니까요.

  생김새는 점잖아도 소나무는 정승의 외아들같이 까탈스러운 성질을 가졌습니다. 정원수로 심어 놓고, 때맞춰 물주고, 전지하고, 비료 주고, 농약 치며 사랑의 눈길을 주어도 열 그루 이식하면 네댓 그루가 죽어요. 해서 어느 나무보다 AS 기간이 길어 5년 안에 죽으면 다시 심어준다고 해요.

  아까시는 우리나라 민둥산에 산사태를 막기 위해 심기 시작했죠. 번식력과 생활력이 강해 개천 제방, 척박한 길가, 산비알, 거름기라곤 조금도 없는 자갈땅, 너덜겅 가운데 등 가리지 않고 뿌리만 땅에 닿으면 잘 자랍니다. 밭둑으로 뽑아 던져도 실 같은 곁뿌리 한 가닥만 흙에 닿으면 다시 발을 뻗고, 톱으로 잘라내도 옆가지가 일어섭니다.

  2017년 5월 초, 오후 여섯 시쯤이었던 것 같아요. 종일 돌아다니느라 피곤한 몸을 버스에 부린 채 삼성전철역 근처 통일로를 지나고 있었습니다. 8차선이 갑자기 좁아져 병목현상이 된 길은 굽었고 두 개의 지하도로와 육교가 연달아 있죠. 여기를 통과하려는 차들은 엉금엉금 기었습니다.

  익숙한 향기가 얼굴을 확 덮는 거예요. 오종종하게 달라붙은 감각을 다 닫았는데 어느 한쪽이 빼꼼이 열렸던지 버스 창틈으로 들어온 향을 맡았죠. 아까시 향이었습니다. 내다보니 사고방지용 긴 이등변 삼각틀 가드레일 안에 풀들이 무성했습니다. 차창 밖으로 던졌을 종이컵과, 스티로폼 조각들이 어지러운 가운데서 델라웨어만한 아까시 꽃송이들이 내게 손을 흔들고 있었습니다. 회초리 같은 몸매에 꽃송이를 머리에 이고, 등에 업고, 가슴에 안고, 백 개의 손가락에 꽃을 치켜들고 오가는 차안의 사람들에게 빠지지 않고 인사를 했습니다. 양쪽에서 차들이 꼬리를 물고 달리는 도로 복판에서.

고가도로 아래 아까시는 난쟁이들입니다. 얼크러설크러 수형도 우스꽝스럽더라고요. 모래땅에 시멘트 독물까지 흘러들었으니 뿌린들 제대로 뻗었을라고요. 그런 모양새로도 해마다 꽃을 피우고 또 피웠겠지요. 꿀벌도 오지 못하는 곳에서. 콩과 식물임을 증명하듯이 잎자루의 거센 이등변삼각형 가시마저 꽃으로 가렸죠.

소나무도 새잎이 돋으면 묵은 갈색잎은 버립니다. 겨울눈이 쌓인 도로에는 눈 묻은 꺾인 소나무 가지가 널려 있습니다. pin-tree, nidle-tree라는 별명처럼 뾰죽한 잎이 모여 손바닥같이 펴서 눈을 받습니다. 무게에 눌려 가지가 꺾어집니다. 자기 영역도 철저히 지켜 드문드믄 떨어져 섭니다. 빈 공간에 짙은 향을 분사해 관목조차 자라지 못해요. 물색 모르는 일년초들만 머리를 내밀었다가 어마 뜨거라 하며 숨어버리죠.

어둠이 장마철 흑설탕처럼 산기슭으로 흘러내릴 때, 혼효림(混淆林) 속에서 히끗해끗 숨바꼭질하는 아까시 꽃은 아주 몽환적입니다. 그 밑에서 향 목욕을 하면 50도의 알코올을 마신 기분일 것 같습니다. 어쩌면 유토피아로 오르는 줄사다리가 보일 듯도 싶어 그 아래로 달려가고 싶습니다.

비 온 다음날 길가의 웅덩이를 건너뛰다가 노란 송홧가루 테두리를 보면 느러터진 내 감성은 '하, 벌써 5월이구나' 나태한 감성을 한숨 쉽니다. 음력 팔월 열나흘이면 솔잎을 수북하게 깔고 오래도록 송편을 찝니다. 진한 솔향이 밴 떡은 향도 오래 지닙니다. 1년에 한 번, 집 안 가득 피어오르는 솔향을 들이마시는 호사스런 행사는 거르지 않습니다.

2019년 봄 통일로 정비사업으로 삼송역 근처 아까시들을 다 베어내고 길을 넓혀 아스팔트를 깔았습니다. 꽃향기를 맡을 수 없어 서운했는데 대신 아까시 뿌리들의 조잘대는 소리가 들려왔습니다.

"우리 어떻게 꽃을 피우지?"

"십 년쯤 뒤에 아스팔트에 금이 갈 거야. 기다렸다가 그때 벌어진 틈으로."

"가만, 찾으면 방법은 있게 마련이지. 여기가 도로 한가운데니 기어서 양쪽 기슭으로 나가자. 1, 2, 3, 4번 아까시 뿌리는 게걸음으로 왼쪽, 5, 6, 7, 8번은 오른쪽으로 나간다. 2년 후면 우린 마주보며 다시 꽃을 피울 수 있어."

과연 아까시다. 기발한 방법이군.

고급스러운 것만이 귀한 것은 아닙니다. 사막에서는 물이 사파이어보다 더 귀하죠. 니제르의 북쪽 사하라사막에는 반경 400킬로미터의 사막 한가운데 테레네나무가 홀로 서 있었답니다. 수령 400년의 아카시아입니다. 그곳은 원래 사막의 오아시스였는데 지하수가 고갈되며 곁의 무성한 나무들이 모두 말라죽고 이 아카시아 홀로 남았답니다. 망망대해 같은 사막에서 낙타 대상들의 등대 역할을 했다죠. 홀로서서 유일한 방향타가 되어 주었답니다. 그 등대지기 역의 아카시아를 누군들 고마워하지 않았겠습니까? 사방이 모래뿐인 사막을 지나던 대상들에게 그 아카시아는 구세주였을 테죠.

한데 1973년 음주운전하던 트럭 운전사가 이 등대를 치어 죽였죠. 뿌리를 캐어보니 땅 밑 35미터의 지하수에 닿아 있더랍니다. 12층 아파트 높이와 같은 깊이랍니다. 뿌리를 뻗어 수분을 섭취하는 것은 식물의 본능이지만 이 아카시아야말로 놀랍고도 경건한 생명력입니다. 수도 니아메이의 박물관에 나무둥치를 모셔 놓고 나무가 있던 장소에

"이곳에 정말로 아카시아 나무가 있었다."

라는 문장을 새긴 철 기념비를 세웠답니다. 이제는 물이 없어도 살고, 차에 치어도 죽지 않는 이 철 기념비가 대상들의 등불이 된답니다.

반생을 소나무의 향을 지향(指向)했습니다. 정경부인의 치맛자락에서 엷게 풍기는 고급스러운 향을. 허나 여러 사람을 즐겁게 해주는 기생의 향과 닮은 아까시 향도 좋아졌습니다. 돌이켜보니 내 젊은 날들은 아까시처럼 한창 의지를 불태우던 귀한 시간이었죠.

가장 화려한 꽃은 벌개미취

　벌개미취는 키가 어슷비슷하다. 벌개미취는 너나내나 그나 저나 모두 동갑네 자매들이다. 한 뿌리에서 일시에 솟아나온다. 간혹 먼저 나온 싹이 더디 나오는 싹을 기다려 같은 키가 되어 한꺼번에 꽃을 피운다.
　벌개미취는 꽃잎의 명도(明度)도 같다. 세상의 모든 꽃잎은 명도가 다르다. 한 줄기에서 피어난 같은 꽃잎도 중심부와 가장자리의 명도가 다르다. 그러나 벌개미취는 한결같은 명도다. 놀랍지 않은가. 같은 키, 같은 명도의 꽃이 같은 시기에 화들짝 핀다는 것이.
　벌개미취의 붉은 보라색은 보라색답지 않게 수수하다. 티파니블루(청색과 연두의 보합색)의 정숙함이 포함된 아름다움이 아니다. 나팔꽃이나 바이올렛의 붉은보라도 아니다. 무궁화의 자주색 보라도 아니다. 도라지의 청보라에는 정경부인의 서슬 퍼런 자존감이 깃들어 있지만 벌개미취는 그도 아니다. 촌부의 무명치마 같이 투박한 멋이다. 그러나 바탕 화면은 여전한 보라다.

벌개미취는 뿌리로 번식한다. 올해에 열 송이가 폈다면 다음해에는 서른 송이, 다다음 해에는 백 송이의 꽃이 핀다. 누가 보든 말든 관심 없다. 꽃을 피웠다고 봐달라고 윙크도 하지 않는다. 때가 되면 군말 없이 꽃을 피워, 씨 뿌리고 가꾸는 수고를 하지 않은 우리를 즐겁게 한다.

벌개미취는 국화과 식물이지만 여름부터 가을까지 핀다. 광복절이 절정이라 우리민족의 독립을 함께 경축한다. 가을 국화가 만발할 때까지 연속 달리기로 핀다. 한 송이만 놓고 보면 예쁘다는 감이 오지 않는다. 무리지어 피어야 아름답다. 개개의 아름다움보다 협동의 미, 조화의 아름다움이 넘실댄다. 단체로 술렁이는 모습은 마스게임 율동이 그리는 일사불란한 아름다움이다.

코스모스와 갈대도 함께(together)의 신조를 지키는 꽃이다. 엇비슷한 키에 줄기도 하나같이 야리야리하다. 무리지어 한들거리는 모습도 그렇다. 그러나 '살살이꽃' 코스모스는 별명답게 여러 색이 살랑살랑 윙크한다. 누군가의 시선을 끌려는 코스모스의 다양한 색깔은 쉽게 호감이 간다. 쉽게 호감이 가듯 쉽게 싫증도 온다.

갈대는 백오십 살 노옹(老翁)의 백발 같은 역사가 있어 보인다. 머리 풀어헤치고 바람을 맞는 모습이 옛이야기를 들을 때처럼 가슴 시리다. 송이들이 한꺼번에 활짝 피어나면 여느 꽃보다 화려하다. 그러나 꽃이라기보다는 무지렁이를 시인으로 만드는 재주를 주려는 식물이다.
 김수영의 「풀」이란 시가 생각난다.

 바람보다 먼저 눕는다.
 바람보다 먼저 일어난다.

 그가 말한 풀은 길가에 흔한 잡초다. 스스로 돋아나는 것은 잡초다. 씨 뿌리거나 심지 않고 가꾸지 않은 것을 사람들은 모두 잡초라 한다. 그 중 벌개미취만 꽃이라 할 수 있다.
 벌개미취는 줄기가 가냘프다. 가느다란 목으로 서 있는 것이 위태위태해 보인다. 그래서 그런지 서로 기대어 의지하고 비비적댄다. 피부가 벗겨지더라도 그리한다. 바람이 저만치서 오면 곁꾼들과 어깨동무를 한다. 바람은 장난스레 '나 잡아 봐라' 약올리고 벌개미취 옆구리를 꾹꾹 찌르고 달아난다. 벌개미취는 바람을 잡으러 쫓아간다. 휘청하다가 제자리로 돌아온다.
 벌개미취와 바람은 서로의 짝패다. 둘이 어울리면 춤을 춘다. 샛바람에 블루스를 춘다. 마파람에 살사춤을 추고, 하늬바람에는 태평무, 된새바람에 넘어질 듯 넘어질 듯 격한 트위스트를, 폭우가 섞인 북풍에는 혀를 빼어 물고 탈춤도 춘다. 지쳐 쓰러질 때 함께 쓰러지고 일어날 때도 함께 일어난다. 하루에 수십 번 넘어지고 일어나도 스크럼은 절대 풀지 않는다.

벌개미취를 보고 있으면 앙상블(ensemble)이란 단어가 절로 떠오른다. 조화와 협동을 지칭하는 불어 단어다. 우리들이 늘 지향하는 단어다. 사람과 사람, 서로서로 어우러지고 조화로운 것이 우리의 아름다운 지향점이다. 하지만 실천은 무지 어려운 단어다.

백 명의 소프라노, 알토, 베이스, 테너가 어울리는 일이 앙상블이다. 백 명이 하나의 소리를 표현하는 소리다. 합창이라고 작은 소리를 내서도 안 되고, 개인의 소리가 식별되어서도 안 되는 게 앙상블이다. 음악 용어답게 콧소리 섞인 아름다운 음을 상징하는 단어다. 벌개미취. 저 꽃은 이미 무심히 바라볼 식물이 아니다. 몸짓으로 철학 강의를 하는 꽃이다.

담장 아래에 느른하게 서 있는 벌개미취, 산기슭에 잡초와 어울려 무리지어 피는 벌개미취, 눈에 띄면 '이런 꽃도 있었나?'라고 생각할 정도다. 꽃 같지도 않은 꽃 벌개미취, 그러나 그 꽃을 누가 감히 아랫길 식물이라 헐(歇)케 볼 수 있겠나. 벌개미취는 인간들이 매일 입으로 뇌면서 실천 못하는 단어를 삶의 지표로 삼고 있으니. 아! 나 한 송이의 벌개미취가 되어 그 무리에 파묻히고 싶다.

산책길에서 그것을 만났다

우리 아파트는 산기슭을 깎아 지은 아파트다. 세 갈래 산책로가 있다. 아파트 후문으로 나가면 양쪽 산 기슭이 만나는 좁다란 오솔길이 나온다. 오소리들이 만들고 사람이 다니는 길인데, 한 시간 남짓 걸리는 산책로에서 사람은 만날 수 없다. 키 작은 나무와 그곳 토박이 돌들의 밀회를 엿들을 수 있다. 그 호젓한 언덕을 올라 날숨을 내뿜으면 사방으로 달리던 잡념의 가닥이 잡힌다. 아끼던 루비반지를 쓰다듬어 보는 심정이다. 날로 무디어지는 감성에 가속도가 붙을까 염려되는 길이다.

두 번째 길은 아파트 옆 길로 나가서 벽제관지로 가는 길이다. 장안의 서쪽 고양은 육백년의 역사를 지닌 고을이다. 벽제관지는 조선으로 오는 중국 사신들이 마지막 밤을 묵었던 장소다. 다음 날 무악제 고개 아래까지 마중 나온 우리 상감님을 만나서 함께 궁으로 들어 상국의 권력을 과시할 생각에 새삼스레 어깨에 힘을 주어 보는 장소다. 조선에서 중국으로 가던 사신도 상감께 인사 여쭙고 여행의 첫날밤을 지내던 곳이다.

역할을 다한 벽제관지터도 주변 상가들이 잠식해 오분의 일로 줄었다. 주춧돌 몇 개만 남아 옛 영화(榮華)의 쓸쓸함을 안겨준다. 이곳에 섰던 멋진 정자는 조선의 두 번째 총독 하세가와가 헐어다 일본 공원으로 옮겼다는데 우리의 반환요구에 묵묵부답이다. 한 편으로 도관찰사들의 공적비가 주욱 늘어섰고 수령 700년이라는 은행나무가 올해는 얼마나 열매를 맺으려나? 쳐다본다.

옆에 조선의 중등교육기관이었으나 지금은 공·맹자 등에게 제사역할만 하는 성균관이 남아있다. 그 옆에 멕시코 대사를 지냈던 이복형의 부인이 만든 중남미 문화원도 있다. 중남미 여행객들이 자기네 옛 선조들의 생활을 되새기려 들린단다. 샛길로 오르면 최영장군 부자의 무덤과 장군 부친의 묘 앞 국보 비석도 볼 수 있다.

세 번째 길은 벽제관지를 왼쪽으로 끼고 언덕을 올라 근린공원을 한 바퀴 돌아오는 코스다. 운동기구를 설치해 놓은 곳이 네 군데다. 몇가지 운동기구를 작동시키고 돌아온다.

며칠 전, 그날은 두 번째 코스로 들어섰다. 늘 그렇듯이 기억력 손실속도를 늦춰보려고 뇌를 작동시키며 걸었다. 공중에 흩어진 단어들을 주우며 걸었다. 'ㅅ'으로 시작하는 단어 쉰 아홉개를 마악 내뱉는 순간이었다. 뒷덜미를 잡아 당기는 억센 힘이 있었다. 돌아서서 두리번 거렸다. 평소의 모습일 뿐 달라진 건 없었다. 둘레둘레 찾아보니 돌틈에 박힌 저 건 아기별꽃?

　돌로 쌓아올린 담장 틈새. 내 키보다 더 높은 위치다. 아기별꽃 한 송이가 투지를 뻗었다. 실같은 줄기에 꽃 한 송이. 참깨알 만한 다섯 개의 꽃잎도 틀림없이 열 잎으로 갈라졌다.

　대체 어떻게 저 높은 곳까지 씨앗이 날아갔을까? 대체 수분도 없이 어떻게 싹을 틔울 수 있었을까, 대체 어떻게 흙 한 줌도 없이 꽃 피울 양분을 얻어냈을까, 대체 누구에게 보이려고 저 높은 곳에서 가장 화려한 몸짓을 펼칠까? 저 건 온 몸의 기를 모두 모은 의지력의 결정체이다. 생명의 신비다.

　별꽃의 종류는 대여섯 가지나 된다. 길가나 밭둑의 두해살이 쇠별꽃, 밭두둑의 쇠비름 틈새의 아기별꽃, 냇가 뚝방, 오랑캐꽃 왕국인 언덕바지의 개별꽃, 숲개별꽃, 석죽과인 벼룩나물도 별꽃 종류다. 흙 한 줌만 있으면 뿌리를 내리는 식물이다. 밭고랑의 별꽃들은 잡초라 보이는대로 사정없이 뽑아 버렸었다. 잡초는 씨뿌리고 가꾸지 않아도 비료주며 가꾸는 농작물보다 더 빨리 자랐다.

　조물주가 제조한 피조물은 모두 소중하지만 사람들은 지구에 꼭 필요한 사람, 있어도 그만 없어도 그만인 사람, 없어야 할 사람으로 구분한다. 이렇다할 공과도 만들지 못한 나는 있어도 그만 없어도 그만인 사람, 잡초가 되었다.

　돌보지 않는 생명체는 스스로의 의지로 버틴다. 짐승들 발에 짓밟히는 하찮은 잡초도 인내력으로 무장하면 돌 틈에서도 꽃을 피울 수도 있다. 저 아기별꽃처럼.

명치를 치고 올라오는 덩어리가 있었다. 비틀거리는 몸을 담벼락에 기대어 한참이나 가슴을 쓸어내렸다. 산다는 행위가 늘 미안했던 나도 조물주가 축복하는 생명체였다. 잡초인 나도 위인들이나 수재들만치 소중하다.

생명체는 그 자체로 신비다. 생명체의 삶은 역사쓰기다. 바다의 물고기나, 공중을 나는 새나, 육지의 강아지풀이나, 얼룩말이나, 사자나 생명체들이 무심코 살아낸 시간들은 어마지두한 역사다.

지병을 주렁주렁 달고 기신기신 버티는 내 생명도 의지력으로 빛날 수 있다. 매 순간 주저리주저리 감사를 외워야 할 나의 나날들. 산책로에서 되찾은 생명과 의지력을.

갈색 눈동자의 조선 후예

　동양인의 특징은 검은 머리와 검은 눈동자입니다. 교착어를 쓰는 알타이족 한민족의 머리와 눈동자도 어김없이 검지요.
　나는 신라의 사공 벼슬을 했던 이한(李翰) 어르신으로부터 태조까지 42대를 거친 세종대왕과 신빈 김씨의 셋째아들 밀성군(密聖君)의 자손입니다. 당연히 검은 머리와 검은 눈동자여야지요. 한데 갈색입니다. 윗대의 다섯 분도, 열아홉 명 사촌과 아래 항렬 스무 명도 모두 검은 머리와 까만 눈동자들인데 내 눈동자만 갈색이에요.
　내 갈색 머리칼은 아침 햇살을 받으면 금발로 반짝거렸습니다. 고개를 푹 숙이고 여럿 틈에 섞여서 교문을 통과하려 했죠. 한데 규율부 선배가 검지를 까딱해 끌어냈어요.
　"너 머리카락 염색했지?"
　'눈동자까지 염색을 했는데요, 자 보세요'라고 대답하고 싶었지만 감히 말 못했죠.

인종과 민족끼리의 DNA는 99.9퍼센트가 일치합니다. 나머지 0.1%의 스니프스(O CA2)가 머리카락, 피부, 눈동자 색깔을 결정하는 요소랍니다. 유전인자 쪽에서 보면 색깔 차이란 이리 하찮은 겁니다. 색깔이란 우성(優劣)과 열성(劣性)을 가르는 척도가 아니라 자외선을 받아 생성되는 멜라닌의 차이일 뿐입니다. 단백질 생성 정도에 따라 달라진다니 나는 아마도 단백질 부족에서 오는 증상이었을 겁니다.

세계 여러 나라 사람들 머리칼과 눈동자들은 검은색과 갈색, 청색과 녹색, 회색 등이 있지만, 북유럽의 햇볕이 아주 적은 나라에는 멜라닌이 너무 적어 토끼처럼 빨간색 눈동자도 있다네요.

1991년 알프스산맥 얼음 속에서 냉동 미라로 발견된 오천삼백 년 전의 아이스맨 외치가 O형 피에 갈색 눈이었다고 합니다. 중동지역에서 흘러왔을 것으로 추정되는, 현재 지중해 연안의 코르시카인과 닮았답니다. 2010년 여름 런던의 흑인 부부가 낳은 딸 은마치는 피부가 흰색입니다. 알비노 현상(멜라민색소 결핍증)이 아닌 카리브 해안의 복잡한 유전자 종합에서 나온 현상이랍니다. 얼굴도 모르는 먼 조상 덕분에 백인 행세를 할 수 있답니다.

눈동자의 색깔은 동공 주위의 홍체 때문입니다. 사람마다 타고난 멜라닌 색소의 양에 따라 달라집니다. 멜라닌 색소는 피부와 머리카락에도 똑같이 작용한다니 머리카락과 눈동자 색깔이 같을 수밖에요. 그렇다 쳐도 전주 이(李)씨 백이십만 종파, 그리고 이백만 후손 중에 왜 하필 나만 갈색입니까?

내 눈은 성형외과 의사도 감탄할 만큼 쌍꺼풀이 멋들어졌습니다. 수정체는 칠십 퍼센트의 물과 29퍼센트의 단백질과 약간의 칼륨이라는데, 내 조상은 인총이 많아지며 헷갈렸나 봅니다. 내 눈에 갈색을 타 넣고 동안(童顔)으로 포장을 했습니다.

작은 체격에 금발 머리, 거기에 갈색 눈동자가 박혔으니 첫인상이 서양인형이죠. 서양에서라면 사랑을 받겠지만 동양에서는 이단(異端)입니다. 머리털이 뽑힌 채 쓰레기통에서 비 맞기 좋을 형세(形勢)입니다. 그리해 남의 눈에 띄지 않으려 골목길로만 다녔습니다.

어느 날 선배가 내 눈을 들여다보며 말했어요.

"얘는 백만 불짜리 눈을 가졌어. 홍채가 너무 맑아 뒤통수 너머까지 보일 것 같다. 가랑가랑한 눈물이 사라하쟈드 입술에서처럼 슬픈 얘기가 마냥 흐를 것 같애. 부럽다, 부러워."

옆의 다른 선배가 냉큼 받았습니다.

"뻴 게 다 부럽다. 슬픈 이야기가 뭐가 부러워? 여자 팔자 뒤웅박 팔자야, 별스러운 건 위험해. 얘처럼 특이한 눈은 가시밭길의 암시야."

그렇습니다. 특이한 것은 여자에게는 불행이죠. 선배가 점쟁이보다 낫더군요.

눈은 스무 살부터 노화합니다. 사람의 신체기관 중 가장 예민하고 빨리 노화하지요. 1.5를 자랑하던 시력이 이제 0.9입니다. 정화수 같던 홍채도 칼슘과 지방, 콜레스테롤이 쌓여 누렇게 변했지요. 안과의사가 황반변성 진행을 보려면 면봉으로 눈꺼풀을 치켜올립니다. 내 눈을 부러워했던 선배에게 미안한 노릇이죠.

 전주의 토호장(土豪長) 목조 이안사(穆組 李安社) 어른을 속량(贖良)시킨 기생 때문에 후에 온 별감이 미워했습니다. 그분이 기생을 속량시킨 일은 합법이었고 도로 내놓으라는 별감의 명을 거부했다죠. 정당한 방법도, 협박도 안 통하자 군사를 풀어 죽이려 했다죠. 강원도로 밤도망을 했는데 일백칠십 호가 따랐답니다. 안사 어른은 1274년에 돌아가셨으니 1100년 후반일 겁니다. 150가구가 따라나섰답니다. 그때 농민은 조상이 물려준 땅에 뼈를 묻고 살았습니다. 낯설고 물설은 땅으로 이사한다는 것은 굉장한 용기였죠. 안사 어른의 인품과 신뢰가 그것을 가능하게 했지요. 겨우 자리를 잡았는데 그 별감이 다시 강원도 안렴사로 온다는 소식을 듣고 다시 함길도 덕원으로 피신했는데 200여 호가 따랐습니다. 기록대로 두 번씩 이사한 것이 그깟 기생 하나 때문은 아니었을 겁니다. 불법에 항복하기 싫은 자존심 때문이죠. 그 많은 사람들은 안사 어른을 어버이로 여겼기에 따라나섰을 테지요.

 목조의 자존심은 먼 후손인 내게도 유전되었죠. 힘든 일은 남 먼저 했습니다. 누가 봐도 힘쓰지 못할 체격인지라 일이 서툴다는 인상을 주어선 안 되었죠. 불가마 속에 남 먼저 뛰어들어 암면(岩綿) 대차를 끌어냈습니다. 다리를 다쳤어도 윗

사람 앞에서는 꼿꼿이 걸으며 폐암의 주요 요인 석면가루를 눈사람처럼 뒤집어썼죠. 잔업까지 열두 시간 일하고 늑대 우는 밤길 십 리를 걸어 집으로 왔지요.

태종이 원자였더라면 온몸으로 화살을 받지 않았겠죠. 처남 넷을 죽이고, 사돈을 죽이는 짓을 하지 않아도 좋았을 겁니다. 허나 적자가 아니었기에 적자보다 더 큰 업적을 이루어야 했을 겁니다. 조선을 반석 위에 올려놓아야 할 당위성이겠지요. 세종의 왕권 확립과 문화 발전의 바탕 화면은 태종이 깔아주었습니다.

"내가 방석을 깔아주마. 너는 그 위에 문화를 꽃피워라"

라던 그분도 아마 갈색 눈동자였을 겁니다. 제 눈도 조상이 읍참마속(泣斬馬謖)의 심정으로 눈동자에 갈색을 찍었을 겁니다.

직업을 아홉 번 바꾸며 불붙은 강변에 풀어놓은 황소처럼 뛰었죠. 아파트를 사고, 통장을 열여섯 개 만들었죠. 자식이 제 앞가림하고 생활고에서 벗어난 근래에야 검정색이 돌아왔습니다.

갈색은 허술한 색입니다. 흰색의 신비와 화려함이 아니에요. 검정색의 응집력도 없어요. 다음 해 맺을 열매의 밑거름이 될 퇴비 색입니다. 왕손의 피가 섞여 태어났습니다. 세상은 편편해졌고 누구든 야생화가 되어야 합니다. 그런 세상에 태어난 후손에게 그래도 조선의 후예임을 상기하고 자존심을 지키게 할 작정이었죠. 갈색 게시판을 줄 테니 네가 검정

옹이를 박으라는.

  하마터면 잊을 뻔했습니다. 이제 알 만합니다. 지난날 그토록 거부하던 갈색이 내 정체성인 것을, 틀림없이 백만 불짜리 눈동자였다는 것을.

  지금은 갈색 눈동자가 아니어도, 금발머리가 아니어도 나는 갈색 눈동자로, 금발 머리로 살 겁니다. 내 정체성을 간직하렵니다. 그 길만이 나를 나답게 만드는 방법이겠지요.

잠정 바이러스 환자들

　전자 현미경을 통해서야 겨우 보이는 바이러스에게 만물의 영장이 무참하게 당한다. 페스트를 비롯해 사스, 스페인 독감, 장질부사, 천연두들의 바이러스로 무고한 사람이 많이도 희생당했다. 250만 아일랜드인을 굶어 죽게 만든 것도 미국에서 건너온 '감자잎마름바이러스'였다. 전쟁을 치를 때마다 수많은 사람이 죽어나갔지만 바이러스로 죽은 사람이 훨씬 많다.
　맨처음 지구가 생겼을 때부터 존재했던 미생물이 바이러스, 인간이 다 죽고, 지구 마지막 날까지 살아남을 것도 바이러스다. 놈은 만물의 영장 인간보다 크고 위대한 절대권력을 지녔다. 국제협약 같은 것도 무시하는 놈이다. 국경일이나 공휴일에도 쉬지 않는다. 다른 생물이 다 잠든 밤에도 잠 안 자고 활동하는 것이 바이러스다. 사람이 가진 36000가지 병 중에서도 인간에게 가장 질기게 달라붙는 놈이다. 그놈이 활동하면 역병이 돌고 그때마다 인구는 팍팍 줄었다.

　바이러스는 인간의 교통을 이용하지도 않는다. 무임승차로 버스, 전철을 타고, 비행기보다 더 빠른 공기를 타고 이동한다. 세를 얻으면 신바람이 난다. 만물의 영장이라는 사람이 바이러스 따위에게 맥없이 당한다.

　코로나바이러스는 중국 서남쪽 윈난성에 서식하는 많은 박쥐로부터 시작되었다. 박쥐는 3000개의 바이러스를 몸에 지니고, 그 중에 천산갑이라는 갑각류 동물을 숙주로 삼았다. 천산갑을 한약재로 쓰는 숙주 중국인에게 옮겨 앉았다.

　존스홉킨스대학 자료를 보면 세계에서 코로나로 사망한 사람들이 600만 명이 넘는단다. 한 작은 나라의 국민 숫자와 맞먹는다. 우리나라에서도 사망자가 2만 6천여 명이고 확진자 수는 14만 명이란다. 직장에서, 막노동 현장에서 쫓겨날까 숨기는 환자까지 합치면 몇 배는 더 많을 것이다.

　지난해 12월초부터 갑자기 식욕도 없어지고 기운도 팍 떨어졌다. 가만히 앉아 있기도 힘들었다. 의식까지 가물가물해져 누구를 불러볼 생각이나 119를 부를 생각조차 못했다. '이렇게 죽어가는 거다. 이게 고독사라는 거구나'라는 생각이 들었다.

　그동안 머리를 독차지한 단어는 개관사정(蓋棺事定)이었다. 아무에게도 금전적 피해를 끼치지는 않았다. 차 한 잔이라도 빚이라 생각해 갚을 능력이 없을 것 같으면 화장실 가는 척 무리에서 빠졌다. 그러나 정신적 상처를 주었을 사람은 어쩌나. 의식하지 못하고 내뱉은 말이 상대를 찔렀을 수도 있다.

　죽는 방법을 많이 생각했다. 아파트 꼭대기에서 떨어지거나 교통사고로 죽는 것은 뒷모습이 너무 끔찍하다. 죽은 후에도 온전한 육신에, 평안한 모습이고 싶은데…. 치매로 죽는 것은 주변 사람들에게 열심히 살아냈던 과거까지 추하게 기억될 수 있을 것 같다. 영국의 여류 소설가 버지니아 울프는 신경쇠약으로 내가 태어나던 해에 사십대의 나이로 돌을 안고 우즈강으로 뛰어들었다. 울프에게는 우즈강이 가까웠나 보다. 당뇨를 앓은 지 이십 년 가까이 되니 합병증으로 죽을 때까지 몸의 여러 기관이 울부짖을 것 같다. '차라리 내 집 안방에서 이렇게 바이러스에게 당하는 것이 그중 제일 나은 방법일지도 모른다'라고 생각했다. 모든 일상이 생략 당했다. 20일을 생수만 마시며 아주 평안스럽게 누워 지냈다.

　우리 동네는 가난한 사람들이 많고, 거년스런 사람의 주머니를 노리는 개척교회도 많다. 사십 명은 되어야 교회 운영이 된다는데, 자기네 세 식구뿐인 교회도 있다. 전교하러 다니는 사람에겐 문도 안 열어주었는데 그들에게도 외판원 같은 절실함이 있다는 걸 알고, 들어와 쉬면서 음료수라도 마시게 했었다. 초인종이 울렸다. 안면이 있는 목사 부인이었다.

　그녀가 내 상태를 보더니 신자 후보 한 명을 놓치면 큰일이다 싶었던지 전복죽 한 팩을 사왔다. 그것을 네 번에 나누어 먹고 겨우 일어설 수 있었다. 천장이 뱅글뱅글 돌았다. 지팡이에 의지해 비척비척 동네 병원에 갔다. 열도 없는 내게 대뜸 의사는 권했다.

"코로나 검사합시다."

긴 면봉으로 오른쪽 콧구멍을 후빈 시험지를 들고 옆방을 다녀오더니 말했다.

"아닌데, 독감도 아니고…."

"그럼, 나를 저승 문 앞까지 끌고 간 것의 정체가 뭡니까?"

"감기인데 면역력이 바닥이라 증상이 너무 심한 것 같습니다."

처방해준 감기약 닷새 분을 다 먹어도 바이러스는 굳건했다. 이틀에 한 번 운동을 해도 밥을 두 스푼만 먹어도 몸무게 1킬로그램도 빼지 못했었다. 운동은커녕 한 달을 꼼짝 못하고 누워 있었는데 5킬로그램이나 빠졌다. 뱃살빼기는 운동보다 감기가 훨씬 쉬웠다.

한약방에서 가루약을 주면서 따뜻한 물에 타 먹으라 했다. 그 약과 면역력을 키워줄 인삼액기스를 먹고 기운을 차렸다. 여직 살면서 감기를 십수 번은 앓았을 텐데 이리 독하고 질긴 감기바이러스는 처음이다.

내 생명을 두고 나 아닌 누구를 믿을 수도, 책임을 물을 수도 없다. 생명은 주택연금 0순위다. 한데 보이지도 않는 코로나 바이러스가 가장 좋아하는 숙주는 인간이다. 아차하면 바이러스는 그 사악함으로 인간을 뱀이 두더지 삼키듯 꿀꺽꿀꺽 삼킨다. 숙주가 죽어야 저도 죽는다. 빈센트 병원에 봉사

활동을 할 때도 환자들 반이 바이러스 환자들이었다. 아기들은 독감바이러스, 젊은이들은 폐렴바이러스, 에이즈바이러스, 노인들은 장염 바이러스들의 숙주였다.

바이러스가 지병이 있는 노인에게 동거하자면 끝이다. 나는 바이러스가 가장 선호하는 당뇨환자다. 해서 해마다 독감주사와 코로나 백신도 빠지지 않고 맞았다. 마스크 열심히 쓰고 손도 유별나게 씻었다. 코로나 담당 저승사자가 내 목덜미를 잡았다가 짝지인 감기바이러스에게 넘겼을 게다.

"대신 코로나 환자는 내게 넘겨. 나도 실적을 쌓아야 승진하지."

다짐도 받아냈을 터. 약과 함께 인삼과 여러가지 건강식품을 먹었다. 그리고 한 달 만에 완쾌했다. 이승을 허락한 조물주에 대한 또 예의를 지켜냈다.

만물의 영장이 바이러스 따위에게 질 수는 없지. 잊지 말자. 우리는 항상 바이러스에 노출되어 있다는걸. 우리 모두가 잠정적 바이러스 환자라는걸.

* 蓋棺事定: 시체를 넣고 관 뚜껑을 덮은 후에야 그 사람의 인간적 가치에 대해 말할 수 있다는 사자성어. 두보가 직장을 잃고 실의에 빠진 친구의 아들에게 위로차 들려준 단어다. 후에 친구의 아들은 훨씬 더 좋은 자리에 취직했다.

노벨상을 타야지

 숫자 감각이 나만치 둔한 사람도 찾기 어려울 게다. 남이 십 분 걸려 하는 계산을 한 시간 끙끙거려도 틀린다. 그 모자람을 평균 사람 비슷해 보이게 만드는 건 백분율이다. 대화에서 듣기 70프로 잘 지키고, 육류는 30퍼센트 이하로 섭취하라니 정육점을 지나 채소가게로 간다. 식초, 설탕, 소금을 황금비율로 배합해서 나만의 초밥도 잘 만든다.
 한데 백분율은 정확한가? 성장도 쇠함도 일정한 속도로 진행되지 않는다. 문화발전도, 아기들의 성장도 어느 순간은 정지 상태, 어느 순간은 몇 단계를 훌쩍 뛰어넘기도 한다는 걸 감지한다. 몇 년 만에 보는 기계들, 몇 년만에 보는 아이들은 몰라볼 정도로 컸다, 늙음도 그렇다.
 몇 번의 숫자를 더하고 나눈 결과로 똑똑하다 어리석다, 수재다 둔재다 말하기는 어렵다. 백분율은 끝없이 변화하는 것들의 어느 시점을 겨냥한 평균치일 뿐이다.

로또 복권에 당첨될 확률이 길 걷다 벼락 맞을 확률이라면 일 년에 이천 번이나 벼락을 때리는 브라질 사람들이 사야 한다. 한데 확률을 믿지 않는 브라질 사람은 복권 안 산다. 벼락이 드문 우리나라 사람들이 잘 산다. 814만 분의 1확률이라는데 관심 있는 사람들은 평균 일주일에 두 번씩 산단다. 한데 어김없이 1등도 나오는 게 이상하다.

부유층과 빈곤층의 척도인 지니계수를 본다. 0에서 1까지 10등분하고 소수점 두 자리까지 세분한다. 경제가 어려우면 부유층은 지장 없는데, 빈곤층의 고난지수는 생존을 갈라놓는다. 빈곤층지수를 0으로 만들자고 사회학자가 논문을 발표하고, 정치가도 이런저런 정책을 시도한다. 그러나 수치는 점점 커지고, 위화감은 수치보다 몇 배나 더 커지고 있다.

일부일처제 법이 통과된 경위는 아주 유머러스하다. 황명수 의원의 일부일처제 초안에 국회의원 모두가 찬성했다. 비밀투표 결과는 찬성 3%였다. 의원 모두들 자기 첩을 버릴 수 없어서 명분있다고 주장한 안건에 스스로 반대표를 던졌다. 명분 따로, 실리 따로의 백분율 결과다. 박순천 의원이

"일부일처제는 민주주의로 가는 지름길입니다. 선진국 모두가 시행합니다. 비밀투표가 아닌 거수투표를 제의합니다"

해서 한눈팔던 김두한 의원이 앞자리 당수를 보고 급하게 두 팔을 들어 찬성 101%로 가결되었다나. 자다가도 이 나라 국회의원 나리들 해프닝이 생각나면 웃는다.

고등학교 선배는 폐암 3기에서 4기로 넘어가고 있었다. 하느님

께서 치료 해주실 것을 굳게 믿었는데 4년 만에 하늘나라에 갔다. 전지전능하신 하느님의 확률을 100% 믿었는데 허사였다. 차라리 공인된 5%(환자가 살아날 확률)를 믿었더라면 더 살았을 건데.

욕심과 절제가 비율을 무시하고, 몸과 마음이 동서로 줄다리기 한다. 이 사람과 계속 만나야 할지 절교해야 할지 헷갈릴 때는 새 지표 확률이 꼭 필요하다. '234번 버스 전전 정류장 출발, 5분 뒤에 도착'이라는 버스정류장의 안내표시같이 90%만 맞아도 좋다.

문명발달이 삶의 방식을 바꿔 놓았다. 의식변화도 사람들 감정도 변화무쌍하다. 따라서 개연성의 확률도 달라져야 한다. 우리가 사용하는 정면 수치에 잡다한 이면 수치를 더하고, 시시각각 변하는 인성 변수, 팥죽 끓듯 하는 변덕 감성까지 첨가한 새로운 백분율을 나타낼 무엇이 꼭 필요하다. 칠면조의 벼슬을 첨가한 획기적인 기기가 필요하다.

뇌졸중으로 사지가 마비된 환자 허친스가 커피를 마시고 싶다고 생각하자 두개골에 넣은 96개의 센서가 컴퓨터에 이어진 전선으로 로봇을 움직여 41년 만에 커피를 입으로 가져올 수 있었단다. 2008년 피츠버그대 뇌과학 연구진의 결과다. 그러나 육신을 움직이려는 최소의 기초적 단계요, 바람직한 결정을 정확히 잡아 주는 기기는 어느 천년에 나올지 모른다.

내가 그 만화경을 만들자. 무슨 일이든 시작하기 전에 손전화 같이 생긴 그것을 열어본다. 남의 담을 넘으려는 도둑이 열어본다. '근래 한국 경찰은 과학적인 수사로 국제적 인정을 받고 있음, 오늘 밤 당신이 잡힐 확률은 98%'가 떴다면 포기할 것이다.

그 직업도 잘 살려고(?) 하는 짓, 도둑이라고 쇠고랑 차고 싶겠는가? 음주운전도 사고 날 줄 모르니까 저지르는 일이다. 만일 확률기를 봤다면 운전대를 잡지 않았을 게다. 연애 못하는 남녀가 선볼 때 결혼할 상대방의 인간됨을 알고 싶다. 겉으로 봐서는 전혀 모르는 상대 남자의 책임감, 인간성, 성격 등을 알고 싶다. 전화 받는 척하고 계수기기를 열어본다면 얼마나 속시원할까? 외모로 어설픈 판단을 하는 것보다 실패율이 훨씬 낮다.

OECD 회원국 중 10위 경제대국인데 자살하는 사람은 OECD 평균의 2.5배다. 십만 명당 28명, 하루에 35명, 2004년 이래 줄곧 이어지는 통계다. 20대 사망의 자살도 40%다.

자살충동이 생기는 건 순간인데 접근 방법이 너무 쉽단다. 목매임, 추락, 번개탄, 사고등의 순위다. 그라목손(농약) 판매를 중단시키고., 번개탄 생산을 중지한다고 달라질 확률이 아니다. 자살하려는 충동이 생겼을 때 막아주는 뚜렷한 방법이 우선이다. 자살 순위 1위라는 OECD 통계는 참을 수 없는 불명예다. 급한 사람이 우물을 판다는데 아무도 급하지 않단다. 숫자 개념이 없는 나라도…. 자살 방지 기기를 만들다. 자살 충동이 일면 기기를 들여다본다. 문자가 뜬다. 70대 노인들 자살 시도에 뜨는 문자가 '서두르지 않아도 연옥에 갈 날은 반드시 옵니다. 새로운 취미를 찾으십시오. 살아 있다는 건 즐거운 일입니다'라고 쓰여 있으면 '그래, 어차피 올 날인데 서두를 필요 있나' 하고 생각을 바꿀게다. 대학에 떨어졌다고, 사업에 실패했다고, 자식과 남편이 속 썩인다고, 어차피 죽을 인생인데 라면서 자살하려는 사람에게 '엄살떨지 말라. 어제 죽은 옆집 여자는 당신을 평생 부러워했다'라는 처방을 줄 것이다. 사람들은 3분에 한 번씩은 자신의 행동을 성찰할 수 있다. 하루에도 수십 번 떠오르는 자살 욕망은 일분 안에 접을 수 있다. 자살하고 싶은 사람은 자살욕구의 200%의 열정으로 살 수 있을 게다.

이런 기계를 특허내면 '인간의지를 부활시킨 최고의 상'을 탈 수 있겠다. 오대양육대주로 수출해 로열티를 받고, 돈방석에 앉는다. 아니다, 돈 매트를 깔고 누울 게다. 내년도 노벨 생리의학상은 내 차지다. 아니, 이그노벨상이라면 어때서.

* 이그노벨상; 발명하지 않아도 좋을 것을 발명하는 사람에게 주는 상.

해설

첫걸음이 '길'을 만들었다

김호운
소설가·수필가·한국문인협회 이사장

　수필은 중국의 남송시대 홍매(洪邁; 1123~1202)의 「용재수필(容齋隨筆)」에서 비롯된다. 이 저술 서문에 그가 "나이가 들어 개을러지니 책 읽기도 귀찮아졌는데, 생각이 가는 대로 이것저것 쓴 글이라서 수필(隨筆)이라 이름 붙였다"라고 한 글에서 말한 '수필'이 오늘날 우리가 사용하는 수필이 되었다.
　隨筆이라는 글자에 '붓 가는 대로 쓴다'라는 의미가 배어 있어서 무엇이든 쓰고 싶은 대로 쓰기만 하면 '수필'이 된다고 오해하는 분들이 있다. 수필이 문학이 되는 건 김우종 수필가가 말한 '의도적인 문학 기법'이 장치되어야 한다.

　의도적인 기법이 구사되지 않는 글은 예술 장르로서의 문학이 될 수 없다. 현대 수필은 이런 점에서 문학의 4대 장르(시, 소설, 수필, 평론)의 한 자리를 차지한다. 그런데 의도적인 기법이 구사된다는 것은 소설적 기법과 유사점이 있기 때문에 확실한 차이가 설명될 필요가 있다.〔김우종,「수필 기법의 사실성과 허구문제」(『설성문학』 2011년 8·9월호)〕

이처럼 수필은 일상의 체험을 쓰되 '의도적 기법', 즉 문학이 되기 위한 작가 자신의 사유에서 걸러진 감성 공간을 글에 장치해야 한다. 그리함으로써 수필이 문학이 된다. 또한 수필은 일정한 형식이 없으며 인생이나 자연 또는 일상생활에서 겪은 체험이나 생각, 여행에서의 느낌 등 다양한 소재를 작가 개인의 개성이나 철학을 거쳐 자유롭게 표현하는 문학이다.

이경우 수필가가 수필집을 펴낸다. 이 책에 실린 수필에는 다양한 세계가 들어 있다. 오랜 세월에 빛바랜 기억을 하나하나 소환하여 감성의 옷을 입혔다. 용재(容齋) 홍매(洪邁)가 말했던 것처럼 나이 들어 게을러져서 책 읽는 일을 멀리하느라 생각나는 대로 옮겨 적은 글이 아니다. 그 기억을 하나하나 솎아내어 다른 세상 하나를 만들었다.

첫 이야기의 제목은 '첫걸음'이다 소박하지만, 태어나 처음 바라보는 세상의 모습이 들어 있다. 태어나 처음 본 세상을 기억하고 글로 옮길 사람이 과연 몇이나 될까. 과연 보고 기억하고나 있을까. 기억한다면 아마도 처음 우주 공간에 나가서 보는 그런 세상일 것이다. 그런데 이경우 수필가는 이를 기억하고 있다. 세상에 첫발을 내딛었을 때 느낀 '통증'도 기억한다. 놀라운 일이다.

　　첫걸음은 통증이었다. 세상 밖으로 떨어질 때의 새까만 통증, 누워만 지내다 처음 몸을 뒤집고 나서 여직 보았던 다락문의 당초문양이 거꾸로 보이는 황당함, 발만 보았던 삼층장의 꼭대기 모습. 그것은 새로운 세상이었다. 열 달쯤이었을까 할머니가 걸음마를 시킨다고 일으켜 세우고 손을 놓아 버렸다. 60센티미터쯤의 방바닥이 천야만야한 낭떠러지로 보였다. 온몸으로 덮치는 시커먼 공포 덩어리! '와앙' 울음을 터트리며 털썩 주저앉고 말았다.(「첫걸음」 부분)

　인간의 지식은 크게 암묵지(暗默知, tacit knowledge)와 명시지(explicit knowledge)로 구분한다. 명시지를 형식지라고도 한다. 암묵지는 언어 등으로 표현할 수 없는, 경험과 학습으로 몸에 쌓인 지식이다. 표현할 수 없이 쌓인 지식이라 있는지 없는지조차도 모른다. 이와 반대로 명시지는 언어 등으로 표현할 수 있는 형태로 쌓인 지식이다. 물에 떠 있는 빙산처럼, 우리가 보고 듣고 아는 것 가운데 10% 정도가 명시지며 나머지 90%는 대부분 암묵지라고 한다. 보이지 않는 암묵지, 이 숨어 있는 '앎'을 꺼내 알아가는 게 성장이며 지혜다. 이를 다른 말로 표현하면 '익숙함'과 '낯섦'이다. 빛과 어둠, 유위(有爲)와 무위(無爲) 등 다양한 말로 설명하기도 한다. 실제 생활에서 이를 활용하거나 생각하는 경우는 매우 드물다. 그만큼 명시지가 더 화려하고 달콤하여 암묵지를 꺼내볼 엄두를 내지 못하기 때문이다.

이경우 수필가의 수필 「첫걸음」은 암묵지에 숨어 있던 이 세상에 태어나 처음 본 세상을 꺼냈다. 놀라운 발상이며 빛나는 지혜다. 이를 두고 직접 본 거냐 아니냐를 따지는 건 부질없는 짓이다. 수필이 작가가 직접 겪은 체험을 기술하는 것인데, 마치 소설의 허구 서사처럼 상상으로 쓴 게 수필이 맞느냐며 따지는 일은 부질없다. 빙산을 보면서 물 위에 떠 오른 모습만 얼음이고, 물 속에 잠겨 안 보이는 건 얼음이 아니라고 할 수가 없다. 보지는 못하나 암묵지로 우리는 빙산이 물 속에 잠겨 있다는 걸 안다. 이경우 수필가는 자기 삶에 잠겨 있던 암묵지를 보았다.

말이나 글로 나타낼 수 없는 상황에서 사유와 느낌으로 알아채는 걸 암묵지라고 한다. 아날로그식 지식이다. 일본의 경영학자 히로타카 타케우치(Takeuchi, Hirotaka)가 정립한 이론이다. 히토쓰바시대학교 국제기업전략(ICS)대학원의 학장 겸 교수인 히로타카 타케우치는 경영개발을 위한 지식 창출의 근본은 지식관리 시스템이 아니라 인간의 암묵지라고 말했다. 어떻게 개인의 신체와 정신 속에 녹아 있는, 말이나 글로 표현하기 어려운 암묵지를 언어나 문자로 표현되는 명시지로 만들 것인가 하는 것이 관건이라고 한 것이다. 단순한 지식 '전수'가 아닌 지식 '창출'로 이어지기 위한 지식 창출의 중심에는 시스템이 아닌 인간이 있다는 걸 강조한다. 『지식경영의 메카, 히토쓰바시에서 배운다』(히로타카 타케우치 외 저술, 박희종 외 번역, 시그마프레스, 2006) 이 책에서 저자가 한 말이다. 아마도 이경우 수필가는 이 책을 읽고 암묵지를 발견한 듯하다. 대단한 독서 체험이다.

어떻게 그때의 감정을 기억하느냐고? 암묵지(暗默知) 덕분이다. 지극히 개인적인 경험만의 지식이다. 문하생이 스승의 표정으로 원하는 바를 눈치채고, 숙련된 기능공이 영감으로 익히는 기술이다. 말이나 글로 나타낼 수 없는 상황에서 느낌으로 알아채는 아날로그식 지식이다. 일본의 경영학자 히로타가가 정립해 놓은 이론이다. 말을 미처 배우기 전에 느낌으로의 지식도 존재함을 증명했다. 우리는 말이나 글로 표시하는 형식지(型式知)만을 중요시하지만, 실은 암묵지의 역할이 더 크다. 해서 암묵지가 풍성한 사람이 발명품을 내놓는다.(「첫걸음」 부분)

작가는 '암묵지' 덕분에 그때의 기억을 기억해 냈다고 고백한다. 본인은 듣지도 보지도 못한 경험이라 여겼지만, 그때의 일들은 암묵지로 그에게 침잠해 있었다. 용재 홍매는 노년에 이르러 독서를 게을리하다가 수필을 썼다고 고백했다. 이 말은 역설적으로 이해할 필요가 있다. 독서를 게을리한 게 아니라 많은 독서량에서 사유의 폭이 넓어졌고, 이로 인하여 글을 쓰는 일이 잦아진다. 이경우 수필가 역시 독서를 통해 사유의 폭을 넓히고 있음을 작품을 통해 유추해 볼 수가 있다.

사랑에서 두어 뙈기밭 너머 보이는 신작로는 언제 보아도 하얗다. 광목 필을 훌훌 풀어 놓은 모양새다. 대체 저 길은 어디서부터 시작해 어디로 가는 길이며 어디가 끝인가? 햇빛 따사로운 사랑 툇마루에 앉으면 그것이 마냥 궁금했다.(「첫걸음」부분)

일곱 살 소녀가 본 한길 모습이다. 그 한길로 마을 사람들이 오가고 새참을 내가고 아버지가 양과자를 사가지고 오던 길이다. 어릴 소녀에게 스며든 낯선 길, 그 길을 따라 꿈이 보인다. 그 꿈은 "안개가 쓰다듬은 신작로의 모래는 금가루처럼 반짝였다"는 표현으로 보여준다. 일곱 살 소녀가 본 한길은 바로 한 해 전에 본 한길에서 확장된 모습이다. "광목 필을 훌훌 풀어 놓은 모양새"라며 신작로를 표현한 문장 역시 탁월한 미학적 솜씨를 보여준다. 여섯 살 소녀가 본 길은 '기다리고, 기다리고, 기다리는' 길이었다. 무엇이 그토록 이 어린 소녀를 기다리게 했을까.

큰사랑과 작은 사랑을 잇는 길다란 툇마루에 앉았습니다. 송파나루를 통해 서울로 가는 동쪽, 이따금 낡은 트럭이 뭉게구름 같은 흙먼지를 달고 오는 서쪽 신작로를 바라봤죠. 짧은 다리를 동당거리면서. 서울에서 한 달에 두어 번 오시는 아버지를 기다렸어요.(「기다리고, 기다리고, 기다리고」 부분)

여섯 살 소녀는 서울에서 한강을 건너 송파나루로 오실 아버지를 기다린다. 총명했던 소녀는 60까지 셀 줄 안다. 손가락을 하나하나 접을 때마다 서울에서 집까지 소녀가 아는 것들을 하나하나 끼워 넣는다.

아버지는 지금 개똥이 할아버지 산소를 지나신다, 하나. 경희
네 논 옆 방죽을 지나신다, 둘. 예순을 다 셌죠. 다음에는 거꾸
로 예순부터 하나까지 세어 보죠. 성황당까지 오셨다, 예순. 주
막거리까지 오셨다, 쉰아홉. 한데 아버지가 보이지 않습니다.
세 번째, 개울 건너 소작인 집을 끼워 넣습니다. 성황당과 우리
집과 박 씨의 삼각형으로 이어진 길을 예순 번이나 오고 가도
아버지는 오시지 않습니다.(「기다리고, 기다리고, 기다리고」
부분)

소녀가 아버지를 기다리는 절절한 마음을 잠시 훔쳐보았다. 80
년을 훌쩍 넘긴 지금의 시점에서 그 먼 시간을 거슬러 6살로 돌아
간 작가의 이야기를 읽으며 잠시 작품에서 눈을 뗐다. 눈앞에 강
이 흐르고, 소녀의 집으로 향하는 길이 보였다. "사랑에서 두어
뙈기 밭 너머 보이는 신작로는 언제 보아도 하얗다. 광목 필을 홀
홀 풀어 놓은 모양새다. 대체 저 길은 어디서부터 시작해 어디로
가는 길이며 어디가 끝인가? 햇빛 따사로운 사랑 툇마루에 앉으
면 그것이 마냥 궁금했다"(「첫걸음」)며 그렸던 그 길, 그 길은 "대
처로 나가는 유일한 큰길이었다. 확장된 농로요, 마을의 공동 일
터였다. 봄에는 어린 모를 실은 달구지가 오가고, 새참을 인 오룡
골 아짐이 지나고, 경수 아재는 자기 키의 두 배나 높은 나뭇짐을
지고 지나갔다. 가을에는 볏섬이나 배추를 실은 달구지가 지나
고, 드물게 대처 트럭도 들어왔다. 마을의 모든 일들은 언제나 그

길"(「첫걸음」)에서 시작된다.

> 육신의 키는 더디 자라고 기다림의 키는 빨리 자랐습니다. 고드름이 녹으면 화단의 함박꽃이 피어나기를 기다렸습니다, 백합 뿌리 근처를 손가락으로 파서 어린 순을 불러냈지요. 그 꽃들보다 화려할 내 어른의 날을 기다렸지요, 전쟁을 겪는 동안 지식의 허기는 스물네 시간 나를 괴롭혀 쓰레기더미에서 얻은 잡지 조각의 흙을 털며 게걸스럽게 읽고, 뒷간의 휴지(주인집 아들의 숙제장)를 훔쳐 읽으며 글자를 실컷 읽을 수 있을 날을 기다렸습니다.(「기다리고, 기다리고, 기다리고」 부분)

세월을 훌쩍 지나 노년에 찾아낸 어릴 적 보았던 그 길, 꽃보다 더 화려한 어른이 되는 그 희망을 기다렸다. 그러나 어른이 된 그때를 작가는 실망으로 기록한다. "전쟁을 겪는 동안 지식의 허기는 스물네 시간 나를 괴롭혀 쓰레기더미에서 얻은 잡지 조각의 흙을 털며 게걸스럽게 읽고, 뒷간의 휴지(주인집 아들의 숙제장)를 훔쳐 읽으며" 자유롭게 넉넉하게 글을 읽을 날을 기다린다. 꿈은 언제나 그렇게 잡힐 듯 잡힐 듯 더 멀리 가 있으며, 세월의 흐름과 달리 몸은 어릴 적 그때 '기다리고, 기다리고, 기다리던' 시간에 머물러 있다.

> 나만의 공간에서, 내 의지로 살 수 있는 공간을 기다렸습니다. 온몸으로 조여 오는 여자의 오랏줄은 숨이 막혔어요. 줄기

찬 부덕의 관습, 성(聖)은 물론, 성(姓)에서, 성(性)에서도 자유롭기를 원했지요. 다만 숨탄것 본연의 '자유'만을 간절하게 기다렸지요. 영국 작가 버나드 쇼도, "갈팡질팡하다가 내 이럴 줄 알았다"는 묘비명을 써 놓은 것을 보면 그도 인간의 기다림이 모순덩어리인 줄 늦게야 깨달았을 겁니다. 사람 사는 방식이야 문명이나 지능이 발달한다고, 학력이 높아진다고 크게 달라지지는 않거든요. 역사나 고전소설을 읽으면 혀를 찹니다. 이런 어이없는 과오를 저지르다니…. 그러나 똑같은 과오를 저지르는 오늘의 지도자들을 보세요.(「기다리고, 기다리고, 기다리고」 부분)

이경우 수필가는 흘러간 추억만을 사유 공간에 담는 게 아니다. "사람 사는 방식이야 문명이나 지능이 발달한다고, 학력이 높아진다고 크게 달라지지는 않거든요. 역사나 고전소설을 읽으면 혀를 찹니다. 이런 어이없는 과오를 저지르다니…. 그러나 똑같은 과오를 저지르는 오늘의 지도자들을 보세요." 비록 암묵지에서 길어 올린 추억이지만, 작가는 목가적(牧歌的) 노래에만 머물지 않는다. 그러한 추억 속 그때의 시간을 지금의 시간과 비교하면서 현재 이뤄지고 있는 사회에 대한 아쉬움을 묘사하기도 한다.

암묵지와 형식지를 오가던 작가의 사유가 때론 해학적인 새로운 작품을 탐색한다. 이경우 수필가의 작품을 읽다가 보면 이 작가의 나이를 가늠할 수가 없다. 문학이 나이와 무슨 상관이 있겠는가. 그러나 이미 작가의 나이를 알고 있는 터라 작품을 읽다 보면 무심코 한 번씩 놀라게 된다. 끊임없이 사유하고 독서하며 지혜 공간을 넓혀 가는 작가의 저력에 놀라는 것이다.

마음먹고 컴퓨터 앞에 자리를 잡는다. 수필을 써야지. 많이 써보는 것이 좋은 작품 쓰는 지름길이란다. 영감(靈感)이 떠오를 때 쓰면 좋은 작품이 나온다는 걸 안다. 한데 영감이란 좀도둑같이 왔다가 바닷가 해무처럼 금세 사라지는 존재다. 좀체 오지 않는 영감을 마냥 기다릴 수도 없다. 나는 영감을 천생배필로 아는데, 영감은 독수공방에서 눈물을 짜도 내게로 올 기미가 없다. 죽이 되든 밥이 되든 일단 불에 올려놓고 보자. 열심히 자판을 두드린다.(「바람만바람만」 부분)

작품을 쓰려고 컴퓨터 앞에서 체험한 내용을 쓴 수필 「바람만바람만」은 첫 문단에서부터 웃음이 나오게 한다. 작품을 쓰려면 영감을 떠올려야 하는데, "영감이란 좀도둑같이 왔다가 바닷가 해무처럼 금세 사라지는 존재다"라고 한다. 여기서 '영감'을 두 가지 의미로 차용했다. '영감(靈感, inspiration)'과 '영감(남편)'이다. 재미있는 발상이다. 작품을 쓸 때 떠올라야 하는 영감(靈感)이 "좀도둑같이 왔다가 바닷가 해무처럼 금세 사라지는 존재다" 하고 발상하는 작가의 사유가 매우 신선하다. 일찍 곁을 떠난 남편에 대한 그리운 마음을 이 수필에 녹여보고 싶었던 거다. 이를 우회적으로 나이 들어 기억력이라든가 사유의 일관성이 가끔 혼란을 가져온다는 의미로 회피하며 썼다. 그런데 작가는 이 대목에서 영감(靈感)과 발음이 같은 '영감(남편)'을 떠올린다. 그래서 "좀체 오지 않는 영감을 마냥 기다릴 수 없다"라고 표현한다. 그러고는 "나는 영감을 천생배필로 하는데, 영감은 독수공방에서 눈물을 짜도 내게로 올 기미가 없다"로 하소연한다. 대단한 골계(滑稽)다. 세상을 떠난 남편을 잠시 기억 속에서 모셔 온 것이다. 전혀 어색하지 않다. 작품을 쓰는 과정에서 영감(靈感)을 살리는 어려움을 묘사한 대목이지만, 여기에 작품과는 이질적인 개인 사유를 오버랩했는데도 전혀 어색하지 않고 오히려 더 훌륭한 작품이 되었다. 수필이 문학의 한 장르를 차지하는 것은 이러한 수필 미학의 장치가 있어서다.

『에세이문학』등단작품인 수필「달빛이 흘리고 간 소리」는 일곱 살 때 문구멍으로 본 달을 소환해 소리를 본다('듣는다'가 아니다). 청각장애가 있어서 보청기를 사용하는 작가는 소리에 매우 민감하다. 낮에는 잘 들리지 않던 소리도 어두움 밤이 되면 미세한 소리도 들을 수 있다. 마치 어둠 속에서 어릴 때 문구멍으로 본 그때의 달처럼, 암묵지에 숨겨졌던 그 소리를 꺼냈는지도 모른다.

끊어질 듯 이어지는 작은 소리에 잠이 깼다. 아파트 벽에 부딪히는 바람 소린가, 거실 화초들의 수런거림인가? 남쪽 창문을 활짝 열었다. 별 하나 없는 새벽 3시의 허공은 그냥 검다. 신경을 건드리던 맞은편 교회 꼭대기의 네온도 꺼져 있다. 전기스탠드와 책 틈서리와 볼펜 꼭지까지 새카만 적막이 붙어 있다. 내게는 미열이 있었다.(중략)

때로는 보청기 없이 달빛이 흘리고 간 소리를 줍는다. 다행히 소리들을 걸러내는 보이지 않는 귀걸이 덕분이다. 심성의 감응으로 살아 있다는 기쁨을 맛본다.
"꼬매앵아~."
생명을 확인시키는 소리다. 아버지의 부름이다. 팔다리에 힘이 솟는다. 불편하기 짝이 없는 소음도 내게는 낭만이기도 하다, 아주 가끔은.(「달빛이 흘리고 간 소리」 부분)

"맞은편 교회 꼭대기의 네온도 꺼져 있다." 잠 오지 않은 밤, 교회 첨탑의 네온 불도 꺼진 밤에 창문을 열고 '어둠'의 풍경을 본다. 이 어둠을 "전기스탠드와 책 틈서리와 볼펜 꼭지까지 새카만 적막이 붙어 있는 어두운 밤이다"라고 묘사했다. 볼펜 꼭지에 새카만 적막이 붙어 있다. 미학이 빛나는 묘사다. 그것도 어둠이 아니라 '적막'이다. 그 어둠이 만든 적막을 작가는 보고 있다. 이때 작가는 소리를 듣는 게 아니라 본다. "꼬매앵아~" 부르는 아버지의 소리다. 80여 년 전 어둠 저 너머에 있던 아버지의 목소리다. 보청기를 하고도 불편하기 짝이 없는 소음도 이때만은 낭만으로 다가온다. 그건 '아주 가끔'이다. 암묵지에서 먼 그날의 기억을 꺼냈을 때 그렇다. 문장에 함축미가 빼어난 작품이다.

사석에서 만났을 때 이경우 수필가는 이번 수필집이 마지막 작품집이라고 강조했다. 아마도 노년의 삶에서 스스로 시간을 재고 있는 듯한 마음을 읽었다. 그런데 작가의 작품을 읽어보면 참 건

강하시다. 보다 긍정적 사유로 앞으로 더 새로운 작품을 독자들에게 선보여 주시길 희망한다. 이번 수필집이 많은 독자에서 사랑받기를 바란다. 아울러 이 경우 수필가에게 축복 가득하기를 기원한다.